U0637681

智库中社

国家智库报告 2017（13）
National Think Tank
"一带一路"

海上丝绸之路调研报告

张明　王永中　等著

A FIELD INVESTIGATION REPORT ON THE 21TH CENTURY
MARITIME SILK ROAD

中国社会科学出版社

图书在版编目（CIP）数据

海上丝绸之路调研报告 / 张明等著 . —北京：中国社会科学
出版社，2017.5 (2017.10重印)
（国家智库报告）
ISBN 978 - 7 - 5203 - 0242 - 5

Ⅰ.①海…　Ⅱ.①张…　Ⅲ.①"一带一路"—国际合作—研究报告
Ⅳ.①F125

中国版本图书馆 CIP 数据核字（2017）第 078429 号

出 版 人	赵剑英
责任编辑	王　茵
特约编辑	吕　丞
责任校对	季　静
责任印制	李寡寡

出　　版	中国社会科学出版社
社　　址	北京鼓楼西大街甲 158 号
邮　　编	100720
网　　址	http：//www.csspw.cn
发 行 部	010 - 84083685
门 市 部	010 - 84029450
经　　销	新华书店及其他书店

印刷装订	北京君升印刷有限公司
版　　次	2017 年 5 月第 1 版
印　　次	2017 年 10 月第 2 次印刷

开　　本	787 × 1092　1/16
印　　张	10.5
字　　数	156 千字
定　　价	56.00 元

凡购买中国社会科学出版社图书，如有质量问题请与本社营销中心联系调换
电话：010 - 84083683
版权所有　侵权必究

课题组成员： 张明（中国社会科学院世界经济与政治研究所国际投资研究室主任、研究员）

王永中（中国社会科学院世界经济与政治研究所国际投资研究室副主任、研究员）

张金杰（中国社会科学院世界经济与政治研究所国际投资研究室研究员）

韩冰（中国社会科学院世界经济与政治研究所国际投资研究室副研究员）

潘圆圆（中国社会科学院世界经济与政治研究所国际投资研究室助理研究员）

王碧珺（中国社会科学院世界经济与政治研究所国际投资研究室助理研究员）

　　摘要：对于"21 世纪海上丝绸之路"而言，福建和东盟是分别位于中国境内外的具有战略意义的两个区域，即：福建是"21 世纪海上丝绸之路"的极重要起点，东盟则是"21 世纪海上丝绸之路"最重要的海外战略支点。因此，本报告研究架构分为三个层次，即：第一层次，是针对"起点"的国内相关问题研究，主要就福建等沿海地区如何更好地推进"一带一路"战略提出政策建议；第二层次，是针对"支点"的境外问题研究，探讨中国与东盟如何在 21 世纪海上丝绸之路展开合作的路径与策略；第三层次，结合福建和东盟有关国家的调研分析，对与"一带一路"对中国经济与世界经济的影响、沿线国投资商机及其所面临的国家风险防范等其他相关问题，进行更为广泛而深入的研判。

　　整篇报告共分十章。

　　首先，针对"起点"的研究。作为中国最早开放的几个沿海省份之一，福建在"一带一路"中具有独特的区位优势。它既拥有厦门等优良港口，又有面向国际国内两个市场和连接国际国内物流与服务的良好硬件环境。此外，现有的国家级综合改革试验区和保税港区、保税区等多种形式海关特殊监管区，都为福建建设"21 世纪海上丝绸之路核心区"奠定了良好的基础。

　　调研分析认为，福建 21 世纪海上丝绸之路的战略发展方向，是打造从福建沿海港口南下，过南海，经马六甲海峡向西至印度洋，延伸至欧洲的西线合作走廊；从福建沿海港口南下，过南海，经印度尼西亚抵达南太平洋的南线合作走廊。同时，结合福建与东北亚传统合作伙伴的合作基础，积极打造从福建沿海港口北上，经韩国、日本，延伸至俄罗斯远东和北美地区的北线合作走廊。

从福建省区域内部在"一带一路"倡议的具体定位方面，泉州市应重点建设21世纪海上丝绸之路先行区，福州、厦门、平潭等港口城市应以海上合作战略为发展支点，而三明、南平、龙岩等市则应成为海上丝绸之路腹地拓展的重要支撑。

但是，欲实现上述战略发展方向，还是面临一定的障碍与困难，必须有相关政策措施进行配套。于是，本报告建议，在完善"一带一路"顶层设计与整体规划基础上，要尽快构建由政府主导的、各方参与的、以市场需求为导向的"一带一路"多边合作"一站式"服务平台。同时，在建立风险防范体系的基础上，以制度创新等手段，多层次地解决涉及民营企业融资难等诸多问题。

其次，针对"支点"的研究。东盟地处21世纪海上丝绸之路的十字路口和必经之地。中国经济正在努力以东盟为支点和跳板，发展面向南海、太平洋和印度洋的战略合作经济带，实现以亚欧非经济贸易一体化为发展的长期目标。

中国与东盟在"一带一路"合作过程中，既有经贸等方面的优势互补，也有诸多的经贸文化合作基础。但是，一些问题与投资风险也不容忽视。产生这些问题的主要原因，中方缺乏整体规划自然是其中一个重要方面。同时，来自于东道国的政治与社会风险也需防范。例如，当地社会对中国企业前往投资目的的误会，而南海争端更会成为当地社会少数群体干扰中国企业投资的一个借口。

有鉴于此，报告建议，深化与完善"一带一路"在东盟方向的整体设计，细化具体内容；避免"一带一路"的战略化与政治化；加强海外投资特别是大型基础设施项目上的外交、金融等跨部门协调；提高中国企业海外投资能力与风险防范意识；加强与当地华人华侨的合作；等等。

再次，针对与"一带一路"其他问题的研究。例如，"一带一路"对中国及世界经济增长的影响、沿线国家商机，等等。研究认为，结合中国在外汇储备、装备制造与工程建造、基础设施投资相关产业方面的比较优势，一带一路有助于缓解沿线国家基础设施投资的资金缺口，促进大规模相关投资以及区域乃至全球的经济增长。当然，沿线国家的投资商机与风险共存，中国企业应该仔细衡量相关投资的收益与风险，慎重做出投资决策。

最后，本报告的撰写受到中国社会科学院国情调研重大项目的经费支持，在此表示感谢。

Abstract: For the 21st Century Maritime Silk Road, China's Fujian province and the Association of Southeast Asian Nations (ASEAN) are the two areas of strategic significance that are respectively located inside and outside of China. Fujian is a particularly important starting point of the 21st Century Maritime Silk Road while ASEAN is the Road's most important overseas strategic fulcrum. It is exactly out of this consideration that this report's research architecture is made up of three layers, with the first layer focused on the studies on relevant domestic issues concerning the starting point of the 21st Century Maritime Silk Road, aimed at putting forward policy proposals on how China's coastal areas such as Fujian can better advance the Belt and Road Initiative; the second layer, focused on the studies on issues concerning the Road's overseas fulcrum, is aimed to explore paths and tactics on how China and ASEAN can carry out cooperation on advancing the 21st Century Maritime Silk Road; the third layer, based on researches on and analyses of Fujian and some ASEAN countries, aims to make more extensive and in – depth studies and judgments on the influences of Belt and Road Initiative on the economies of China and the world, the investment opportunities the initiative will bring to the countries along its routes, and precaution of national risks.

The full report comprises ten chapters in three sections.

The first section of this report focuses on the studies on the starting point of the 21st Century Maritime Silk Road. As one of a few coastal provinces in China that are the earliest to promote opening – up, Fujian province enjoys unique geographic advantages in the Belt and Road Initiative. Fujian boasts not only fine ports such as Xiamen but also a good hardware condition that include both domestic and international markets and both international and domestic logistics and services. Besides, the establishment of an extant national comprehensive reform pilot area, a bonded port area, a bonded area and other special customs surveillance zones will all help lay a good foundation for building Fujian into a core region of the 21st Century Maritime Silk Road.

According to our studies and analyses, we believe that the 21st Century Maritime Silk Road is aimed to forge a west cooperation corridor that goes southward from Fujian's coastal ports, passes through the South China Sea and Malacca, then goes westward through Indian Ocean and extend to Europe; and a south cooperation corridor that goes southward from the coastal ports of Fujian, through the South China Sea, via Indonesia and then to the South Pacific. At the same time, based on the cooperation foundation Fujian enjoys with traditional cooperation parties in Northeast Asia, a north cooperation corridor is also to be forged that starts from Fujian's coastal ports, passes through the Republic of Korea and Japan and then extends to Russia's Far East and North America.

From the perspective of the concrete strategic orientations among different regions within Fujian in the advancement of Belt and Road Initiative, Quanzhou should be viewed as a spearheading city of the 21st Century Maritime Silk Road, and such port cities as Fuzhou, Xiamen and Pingtan should be viewed as the development fulcrums of the Road in its pursuit of maritime cooperation, while such cities as Sanming, Nanping and Longyan as important props of the Road's hinterland expansion.

However, to realize above – mentioned strategic development goals, certain obstacles and difficulties should be overcome and relevant supportive policy measures are still needed. Out of this consideration, this report proposes that on the basis of improving the top – level design and overall planning of Belt and Road Initiative, a government-led and market demands – oriented one – stop service platform that are participatedin by parties concerned should be built as soon as possible to facilitate multilateral cooperation for Belt and Road Initiative. In the meantime, on the basis of the establishment of a risk precautionary system, such means as systematic innovations should be adopted to address numerous difficulties faced by private enterprises, such as their difficult financing.

The second section of this report is concerned with the studies on the "fulcrum" of the 21st Century Maritime Silk Road. ASEAN is located in the crossroads of the 21st Century Maritime Silk Road and is an indispensable path through which the Road must pass. China's economy is striving to use ASEAN as a supporting point and springboard, build a strategic cooperation belt facing the South China Sea, Pacific and Indian Ocean, and realize the long – term goal of promoting Asian, European and African economic and trade integration.

During their cooperation on Belt and Road Initiative, China and ASEAN countries not only enjoy complementary economic and trade advantages but also share a foundation for economic and trade and cultural cooperation. However, some investment problems and risks in this process also allow no ignorance. One of the main reasons behind these problems is China's lack of an overall planning. At the same time, precautions are also needed against political and social risks from host countries. For example, local enterprises may harbor misunderstandings about the purposes of the investment from Chinese enterprises, and the South China Sea dispute is more likely used as a pretext for local minority groups to disturb Chinese enterprises' investment.

In view of this, the report suggests that China improve the overall design of the ASEAN direction of Belt and Road Initiative and detail its concrete contents, avoid hollow strategic orientation and politicization of Belt and Road Initiative, and strengthen trans – department coordination, such as between diplomatic and financial departments, on o-verseas investment, especially investment in large infrastructure projects. At the same time, China should also raise the overseas investment capability of Chinese enterprises and their risk prevention awareness and strengthen cooperation with overseas Chinese.

The third section of this report is about the studies on other issues related to Belt and Road Initiative, such as how the initiative will influence the economies of China and the world, and how it will bring commercial opportunities to the countries along the routes. This study holds that due to China's comparative advantages in foreign reserves, equipment manufacturing and engineering construction, infrastructure investment and other relevant industries, Belt and Road Initiative will help ease the funding gap of the countries along the initiative's routes in infrastructure investment, promote related investment on large scales and boost regional and even world economic growth. Certainly, given coexistence of both investment opportunities and risks in these countries, Chinese enterprises should prudently weigh the returns and risks of any investment and make prudent investment decisions and moves.

The drafting of this report has gained funding supports from the Major Projects of National Conditions Studies, the Chinese Academy of Social Sciences, and thus thanks are given to it.

目　　录

第一部分　福建海上丝绸之路
调研报告

　　为了解福建在"一带一路"建设中的现状、问题、挑战与政策诉求，更好地贯彻国家的"一带一路"倡议，推动海上丝绸之路沿线省份开放型经济的协调发展，中国社会科学院世界经济与政治研究所"海上丝绸之路沿线国家与省份调研"课题组近期赴福建进行了实地调研，走访了福州、厦门和平潭三地，通过访谈和举行座谈会的方式，与福建省发展和改革委员会、福建省商务厅等当地相关政府与企业的领导和专家交流，获取了大量的来自实践的第一手材料。

第一章　福建调研总报告

一　福建在 21 世纪海上丝绸之路
建设中的地位与比较优势

2015 年 3 月，经国务院授权，国家发展改革委、外交部、商务部发布的《推动共建丝绸之路经济带和 21 世纪海上丝绸之路的愿景与行动》（以下简称《愿景与行动》），明确提出支持福建建设 21 世纪海上丝绸之路核心区，在港口物流、货物贸易、服务贸易、海洋合作、文化交流等方面与 21 世纪海上丝绸之路沿线国家和地区开展交流合作。

福建地处中国东南沿海，是海上丝绸之路的重要起点，是连接台湾海峡东西岸的重要通道，是太平洋西岸航线南北通衢的必经之地，也是海外侨胞和台港澳同胞的主要祖籍地，历史辉煌，区位独特，且具有民营经济发达、海洋经济基础良好等明显优势，在建设 21 世纪海上丝绸之路中具有十分重要的地位和作用。推动"一带一路"建设，福建具有以下比较优势。

（一）历史优势

福建自古就是海上丝绸之路的重要起点和发祥地，在对外经贸文化交流史上发挥着重要作用。宋元时期，福建泉州市作为海上丝路的起点之一，是当时世界上最大的港口之一，《马可波罗游记》里认为其可以与亚历山大港齐名，被称为"东方第一大港"；福州长乐太平港是郑和七下西洋的重要基地；漳州月港是明朝中后期"海上丝绸之路"的始发港，与菲律宾之间进行大量的贸易。时至今日，福建仍是少数以不同方式延续至今的、"活着的海上丝绸之路"的重要区域和重要节点。

（二）经济合作优势

近年来，福建产业发展取得长足进展，形成了石化、电子、船舶、汽车、工程机械、电机电器、建材、纺织、服装鞋帽和食品等一大批大型龙头企业。福建自贸试验区内的福州经济技术开发区、福州保税港区加工贸易区、海沧港区出口加工区、平潭综合实验区港口经贸区都具有一定的制造业产业基础，形成了电子信息、海洋生物医药、智能装备等产业集群。同时，福建建立了研发、设计、生产制造、物流配送为一体的较完整的产业体系，具有一定比较优势，同时也面临转型升级的要求。"海丝"沿线国家和地区不仅是福建资源型产品的重要原料来源地，拥有众多人口的消费市场，且这些国家经济发展水平差异大，市场多元性特征明显，贸易互补性强，为两地的经济互补和经贸合作提供了广阔空间。

（三）对外开放基础较好

福建是我国最早开放的几个沿海省份之一，具备优越的海港和空港，有面向国际国内两个市场和连接国际国内物流与服务的良好硬件环境。同时，现有的国家级综合改革试验区和保税港区、保税区等多种形式的海关特殊监管区为福建建设21世纪海上丝绸之路核心区奠定了良好的基础，可以在海关、检验检疫、外汇等监管模式和流程优化上逐步建立与国际贸易投资规则相衔接的运作机制，初步具备贸易投资自由化、便利化和规范高效运作的服务软环境。随着福建自贸试验区建设和对外开放不断扩大，港口航运等各项功能有效发挥，政策效应不断溢出，以外向经济为主要业务的各类功能性机构和市场主体将加快集聚，贸易物流将呈现快速发展态势。

（四）人文交往密切

福建作为"活海丝"的重要起点和支点，从古至今都保持与海上丝绸之路沿线国家和地区比较密切的人文交流交往。福建是全国著名的侨乡。旅居海外侨胞众多、分布广泛、实力雄厚。据统计，现旅居世界各地的闽籍华侨华人达1580万人，分布在世界170多个国家和地区，其中东南亚国家约占80%，达1250多万人。闽籍侨商在东南亚国家有着巨大的经济实力和基础，在东盟全球500强华人企业中，福建籍就占了近200家。此外，福建具有地域特色鲜明的妈祖文化、船政文化，在我国乃至世界海洋文明发展史上具有重要地位，在东南亚等国家和地区也得到广泛认同。福建与海丝沿线国家和地区地缘相近、习俗相似、文化趋同，民间交流量大，这为福建"请进来"与"走出去"提供了其他省份无以比拟的天然优势和氛围。目前，闽籍桥商已融入"海丝"沿线国家和地区的经济、政治、社会、文化等各方面，发挥好这些侨商的人脉作用，既是推进区域经济一体化的桥梁和纽带，也是我国实现与周边地区全面融合发展的重要推手，还是福建融入"海丝"建设的最重要特色。

二 福建推进海上丝绸之路建设的战略定位与举措

为贯彻落实国家"一带一路"重大倡议，加快福建省21世纪海上丝绸之路核心区建设，经福建省人民政府授权，福建省发改委、福建省外办、福建省商务厅于2015年11月发布《福建省21世纪海上丝绸之路核心区建设方案》。依照该方案，福建提出从建设核心区和福建省实际情况出发，坚持"走出去"和"引进来"相结合，推动经济社会加快发展。

(一) 战略定位

1. 21 世纪海上丝绸之路是互联互通建设的重要枢纽。 强化港口和机场门户功能，完善铁路和干线公路网络，加强与海上丝绸之路沿线国家和地区在港口建设、口岸通关、物流信息化等方面的合作，构建以福建港口城市为海上合作战略支点、与沿线国家和地区互联互通、安全高效便捷的海陆空运输通道网络。

2. 21 世纪海上丝绸之路是经贸合作的前沿平台。 发挥产业互补优势，以中国（福建）自由贸易试验区（以下简称福建自贸试验区）等园区为主要载体，争取在拓展与海上丝绸之路沿线国家和地区的产业、贸易、投资合作领域方面率先突破，形成早期收获成果。

3. 21 世纪海上丝绸之路是体制机制创新的先行区域。 以加快福建自贸试验区建设为突破口，在促进投资贸易便利化、推进金融创新、改进监管服务、规范法制环境等方面先行先试，建立和完善政府间常态化交流机制、投资贸易促进与保护机制、融资保障机制及人文交流机制。

4. 21 世纪海上丝绸之路是人文交流的重要纽带。 以海外华侨华人和台港澳同胞为桥梁，以妈祖文化、闽南文化、客家文化等共同文化为基础，以民间交流为主体、政府间交流为支撑，加强与海上丝绸之路沿线国家和地区的文化交流和人员往来。

(二) 对外合作方向与措施

福建 21 世纪海上丝绸之路核心区建设重点合作方向是打造从福建沿海港口南下，过南海，经马六甲海峡向西至印度洋，延伸至欧洲的西线合作走廊；从福建沿海港口南下，过南海，经印度尼西亚抵达南太平洋的南线合作走廊；同时，结合福建与东北亚传统合作伙伴的合作基础，积极打造从福建沿海港口北上，经韩国、日本，延伸至俄罗斯远东地区和北美地区的北线合作走廊。提出支持泉州市建设 21 世纪海上丝绸之路先行区，支持福州、厦门、平潭等港口城市建设海上合作战略支点，支持三明、南平、龙岩等市建设海上丝绸之路腹地拓展重要支撑。

具体而言，方案提出加强以港口为重点的海上通道建设、强化航空枢纽和空中通道建设、完善陆海联运通道建设、深化口岸通关体系建设、加强现代化信息通道建设等加快设施互联互通的措施；支持企业扩大境外投资、拓展现代农业合作、深化主导产业合作、加强能源矿产、旅游业合作等推进产业对接合作措施；积极发展远洋渔业、加强海洋科技和生态环境保护合作、强化海上安全合作等加强海洋合作措施；积极推进福建自贸试验区建设、努力提高对外贸易水平、强化贸易支撑体系建设等拓展经贸合作措施；完善投资促进机制，促进双向投资合作，加强投资促进工作；丰富文化交流、深化教育合作、开拓医疗卫生交流与合作、拓展友好城市、扩大劳务合作等密切人文交流合作措施；激发侨商参与建设热情、加强华侨华人情感联系等发挥华侨华人优势措施；深化闽台经贸合作、扩大闽台人文交流交往等推动闽台携手拓展国际合作措施；加强组织领导、强化统筹协调、加大政策扶持、突出项目带动、强化人才支撑等强化政策措施保障。

三 存在的问题与风险

（一）"一带一路"发展规划与具体实施细则未同步

"一带一路"规划提出后，具体实施的配套措施尚未跟上。"一带一路"倡议作为国家大战略引领未来发展方向，但如何落实，怎样推进，需要国家进一步具体的指导，地方政府也要有跟进措施，企业才能大展身手。缺乏具体实施细则、制约项目和服务落地。

（二）国际市场和经济腹地有待进一步拓展

目前，福建的国际市场主要是欧美、东盟等国家，与拉丁美洲、大洋洲、非洲等国家交流合作较少，尚有较大国际市场开拓潜力；港口经济腹地主要是福建全省、粤东、粤北、江西、湖南等地，其他内陆省份市场需进一步加速拓展。国际市场份额和腹地经济规模及水平影响了航运物流和国际商贸的发展壮大。

（三）产业规模和层次需进一步壮大和提升

目前，福建现代服务产业发展不足，高端制造业优势不够明显。其中，物流业以货代、仓储、运输等传统业务为主，国际采购、国际中转、商品展示等高附加值环节有待加强；金融业以传统银行业务为主，专业金融等新业态处于培育期，金融服务创新能力有待提升；制造业技术创新和自主研发能力不足，生产性服务业支撑制造业发展的水平有待提高；服务外包、专业服务、文化创意、旅游会展、社会服务等新兴服务业发展相对滞后。

（四）海外投资服务体系尚未有效构建

目前福建"走出去"企业以中小型民营企业为主体，国家对民企走出去的扶持政策仍然较少，力度也不大。针对中小型民营企业的海外投资服务体系，还比较欠缺。例如国内中小型民营企业境内母公司缺乏有效抵押物为融资提供担保，同时由于境内银行尚未在境外形成覆盖面较广的服务网络，境外企业形成的国外资产较难用于"外保内贷"，风险分担机制不健全导致银行无法搭建合理的信用结构，加大中小型企业"走出去"的难度，制约与"一带一路"国家开展国际产能合作。此外，民营企业"走出去"的一些政策优惠，需要国家层面的相关规定的调整。例如在鼓励境外水产养殖产业方面，国家如将远洋运营企业运回的自捕海产品，纳入远洋渔业范围，企业可以享受税收优惠政策，则利于企业到国外进行水产养殖发展。

（五）跨国投资存在着许多政治和经济风险

受经济发展水平的影响，"一带一路"沿线国家的投资环境整体远不如中国或欧美发达国家，基础设施落后，政府财力有限，难以提供主权担保，许多国家还存在法律法规不健全、政府效率低、信用体系不完善、汇率波动较大等问题，导致境外投资风险增加。同时我国且也在"走出去"过程中，由于不熟悉国外商业习惯和法律环境以及缺乏国际项目经验，也面临较大商业风险。"走出去"的民营企业规模小，碰到事情很可能就会倒闭。在政治上，一些国家政局动荡、政治分歧严重，一旦出现政党轮替，就有可能推翻前任签署的重大项目。我国与东亚国家有领土争议，一定程度上增加了在这些国家投资的风险。

四　政策建议

（一）尽快出台切实可行的实施方案与配套政策

当前福建推进"一带一路"建设，需要加强组织领导，明确责任分工，完善相应措施。建议福建做好规划衔接，在《福建省21世纪海上丝绸之路核心区建设方案》的基础上，制定更为具体的建设专项规划，研究制定切实可行的实施方案和配套政策，充分发挥企业在海上丝绸之路建设中的重要作用，将福建省打造成21世纪海上丝绸之路的核心区。

（二）拓展经贸合作平台

福建应坚持"引进来"与"走出去"相结合，在重点深化与东盟等国家的合作、加强闽台经济融合、承接传统的经贸合作关系基础上，深化并扩大与东南亚、中东、非洲、欧洲、澳洲等有贸易、投资和金融往来的国家和地区的合作，并通过发挥闽籍华侨和华商的作用，拓展与欧洲、北美洲等地有关国家和地区的全面合作。积极开拓国际市场，建设对外开放合作的先行先试区域。积极推进福建自贸区建设，努力提高对外贸易水平，加强招商引资工作。

（三）推进关键产业对接

福建应充分发挥相对比较优势，基于产业互补性，重点在以下六个方面推进产业对接合作。一是积极推进在沿线国家建设纺织、服装、制鞋产业合作园，发展轻工业产业。二是积极拓展现代农业合作领域。三是加强推进制造业深度合作。四是深化能源矿产合作。五是大力加强旅游业合作。六是积极发展远洋渔业。

（四）搭建海外投资信息服务平台

建立为企业海外投资提供信息服务的一站式公共服务平台，加强境外投资信息服务，为企业提供海上丝绸之路沿线国家和地区政治经济、社会文化、法律规范、投资项目等信息，及时发布风险提示。平台通过发布海外投资的具体风险案例，跟踪分析企业境外投资及项目建设进展，为企业"走出去"提供分析借鉴，引导企业增强风险意识，加强风险防范。这一平台既有利于相关主管部门之间交流与共享信息，也有利于海外投资企业之间的相互交流与合作。

（五）加强对民营企业海外投资的扶持

福建应发挥民营经济发展优势，引导和鼓励民间资本助力福建新"海丝"建设。加强对民营企业的金融服务，促进福建与新"海丝"国家和地区深化贸易合作。鼓励国有企业与民营企业合作，一起"走出去"。

第二章　厦门调研分报告

一　厦门融入"一带一路"战略建设的主要优势

厦门对外交流历史悠久，自"五口通商"时起，就是"海上丝绸之路"重要节点城市。尤其是改革开放以来，厦门作为全国第一批四个特区之一，在对外经贸合作、人文交流等方面取得了跨越式发展，为融入新时期国家"一带一路"建设打下了坚实的基础。

（一）厦门自古为对外贸易的重镇

厦门作为"海上丝绸之路"重要节点城市具有独特的"海丝文化"传承。英文茶叶的 TEA，据说用的其实是厦门方言的拼音，而首批出现在欧洲市场上的中国茶叶，正是荷兰人从厦门组织出口的。16 世纪中叶，闽南商人开始和葡萄牙商人私下进行贸易；明末清初，郑成功抗清复明期间，为解决军需粮饷问题；大力开拓海外贸易，为厦门对外贸易打下了坚实的基础。清朝乾隆年间，菲律宾群岛的苏禄国，选派使者前来我国访问、"朝贡"，几乎都从厦门登岸。

作为最早对外开放的"五口通商"口岸，从 1843 年起，先后有 13 个国家在厦门设立领事馆。改革开放后，又相继有菲律宾（1994 年）、新加坡（1996 年）、泰国（2005 年）在厦门设立总领馆，厦门先后与 15 个外国城市结成友好关系。

改革开放之后，厦门作为全国第一批四个特区之一，迎揽八面来风，坚持"以港立市"，外贸出口向来占全省"半壁江山"，并沿着海丝之路不断向外拓展。

（二）华侨华人网络丰富

广大的华侨华人也成为厦门独特的优势和宝贵资源。目前，厦门海外华人华侨达 35 万人，广泛分布在世界 78 个国家和地区，海外联谊活动扩展到全球 83 个国家和地区、500 多个社团和 1000 多名重点人士，海外联络遍及欧美、澳洲、南美和非洲等世界各地。

（三）海洋优势明显

厦门地理位置优越，面朝南海，背靠漳泉，港口更是终年不冻，港阔水深，是一个条件极优的海峡性天然良港。厦门非常重视海洋贸易，与 200 多个国家和地区建立良好经贸关系，成为国际招商和对外贸易口岸、中国东南国际航运中心，着力打造海峡旅游品牌，发展海洋旅游、渔业休闲、海岛旅游，常年举办海洋旅游嘉年华、国际游艇帆船展等活动，每年来厦门旅游人数达 5200 万人次。

厦门还积极开展海洋研究，依托中国南方海洋研究中心、国家海洋三所等机构，建成海洋生物技术研发中心等公共服务平台。同时，致力生态保护，加强海域清淤，湾区整治和海洋珍稀动物保护，已先后荣获东亚海岸带可持续发展杰出成就展、国家级海洋生态文明建设示范区等。

二　迄今为止推进海上丝绸之路建设的举措以及取得的进展

（一）厦门境外投资井喷式增长，双向投资结构不断优化

2015 年上半年，厦门全市累计新备案对外投资项目 41 个，协议投资额 11.6 亿美元，同比增长 114.4%，已超过 2014 年全

年协议投资总额 10.9%。

(二) 企业投资实力增强, 单项规模创历史之最

2015 年上半年, 厦门中方投资额 1000 万美元以上的投资项目 17 个, 总投资 10.86 亿美元, 同比增长 124.3%。其中, 投资额 5000 万美元以上的项目 6 个, 投资额 9.04 亿美元, 同比增长 189.2%。两个大型项目投资额均成为历史之最。一是由厦门峰合投资有限公司投资 4.56 亿美元并购印尼棕榈园开发项目, 创厦门市海外并购金额之最; 二是厦门建发集团投资 3 亿美元设立建发集团 (香港) 有限公司, 创厦门市海外新设立企业投资金额之最。

(三) 对 "一带一路" 国家投资增长明显

2014 年以来, 厦门新增对东盟国家投资项目 18 个, 中方投资总额 5.2 亿美元, 超过 2014 年之前厦门市对东盟国家投资总额的 8 倍有余; 2015 年上半年, 厦门全市对 "一带一路" 沿线国家投资项目 5 个, 投资额 4.71 亿美元, 增长了 132%。

(四) 2015 年重点推进 12 大项目

2015 年, 厦门从 33 个圈定项目中精选出 12 大项目作为重点项目, 加快在 "一带一路" 沿线重点地区、重点领域的项目布局, 以点带面, 深度拓展国际区域合作, 加快落实 2014 年提出的 "一带一路" 倡议行动方案。

这些项目涉及基础设施、招商引资、海洋合作、旅游会展和人文交流五大领域。1. 在旅游会展领域, 推出厦门至 "一带一路" 主要节点城市的邮轮精品航线, 并借此开展中外青年联欢、市容参观、经贸往来等多种交流活动。2. 在基础设施领域, 厦门两大拳头项目是东南国际航运中心和翔安机场。翔安机场将完成飞行区 1/3 的填海造地工程, 以及 1/3 的永久护岸抛填工作。3.

招商引资领域三大项目都来自海沧区。包括马来西亚 IOI 棕榈油深加工项目，中国燕都产业项目交易中心和产业园项目，以及新加坡新科宇航项目增资 2600 万美元。4. 在海洋合作领域，2012 年才挂牌成立的厦门南方海洋研究中心，已经全面融入国家海洋发展战略。厦门将加快构建中国东盟海上丝绸之路区域的国家海洋合作平台，其中的重点海洋合作项目是"中国—东盟海洋合作中心"。5. 人文交流领域是嘉庚论坛和厦大马来西亚分校，厦门除了继续举办声名远播的嘉庚论坛外，同期还将举办文化中国全球华人中华才艺大赛、世界孙中山和平发展基金暨世界孙氏联谊大会等配套活动。

三 存在的问题与风险

（一）缺乏"一带一路"的整体方案和落地措施

作为一项国家长期战略和系统性工程，"一带一路"需要规划先行，分层次、分步骤地有序推进；需要更多的顶层设计，跨省域、跨部门、跨国家的协调和合作；还需要在顶层设计下出台相应具体配套措施，以使方案最终落地。

但迄今为止，重点区域规划和基础设施互联互通等重点领域专项规划都还处于制定过程之中，与规划相关的具体项目尚未完全形成。因此，目前地方政府基本上处于各自为战的状态。即使一个地区有所作为，但由于其他地区和国外缺乏对接，导致整体推进非常困难。此外，中资金融机构之间存在扎堆竞争的状况，以至于难以发挥不同金融机构的定位和优势。而中资企业在海外的投资与经营也存在恶性竞争的问题。例如，国开行在巴布亚新几内亚策划的电力项目，就因为中资企业打架而拖了整整一年，以至于环境、市场、价格都发生了对我方显著不利的变化。

（二）"一带一路"境外投资管理服务水平不足，与企业联络沟通不畅

境外投资已经由核准制转为备案制，但政府部门由审批职能向服务职能的转型却远远不够，造成"一带一路"境外投资管理服务效率低下。随着近年来境外投资的迅速发展，投资过程中企业面临的问题日益突出，急需政府不断完善境外投资服务平台建设，不断拓展服务领域和解决方案，协助解决企业境外投资过程中可能面临的各种问题。

虽然目前也有相关政策明确政府部门对企业海外投资的服务职能和服务内容，但由于与企业联络沟通不畅，导致政策难以落到实处。由于缺乏与企业联络沟通的有效渠道，目前存在明显的信息不对称。有境外投资意向的企业急需了解境外投资的相关政策，而有关境外投资的管理制度、扶持政策、服务手段又宣传得并不充分。在信息渠道不畅通的情况下，海外投资企业对东道国的市场风险、税收环境、上下游情况了解极为有限，这显著增加了投资的难度和风险。

（三）海外投资金融服务体系尚未有效构建，制约与"一带一路"国家开展国际产能合作

目前包括厦门等在内的多数省市"走出去"企业仍以中小型民营企业为主体，其境内母公司缺乏有效抵质押物为融资提供担保，同时由于境内银行尚未在境外形成覆盖面积较广的服务网络，境外企业形成的国外资产较难用于"外保内贷"，风险分担机制不健全导致银行无法搭建合理的信用结构，加大企业"走出去"的难度。

（四）部分金融政策缺乏配套实施细则，未能快速发挥对"一带一路"倡议实施的支撑作用

中共中央、国务院下发的《关于构建开放型经济新体制的若干意见》明确提到，要完善境外投融资机制，探索建立境外股权

资产的境内交易融资平台，为企业提供"外保内贷"等融资方式支持。但由于企业境外的资产用于境内交易和抵押融资，涉及国家之间的抵押物登记、监管、法律相互适用等方面的问题，需要有一系列的政府层面的合作协议和实施细则作为配套，目前尚未能有效落地。同时作为支持"一带一路"倡议实施的重要支撑平台，自贸试验区相关金融政策的细则也尚未发布和发挥政策效应。

（五）跨国的征信体系依然缺位，风险分担机制不完善制约金融服务水平提升

受经济发展水平的影响，"一带一路"沿线国家政府的财力有限，难以提供主权担保，许多国家还存在法律法规不健全、政府效率低、征信体系不完善、汇率波动较大等问题，导致信贷风险增加。同时我国企业在走出去的过程中，由于不熟悉国外商业习惯和法律环境以及缺乏国际项目经验，也面临较大商业风险，需要更为完善和系统的区域信用体系以及包括投资保险等在内的多元化金融支持，但目前相关机制缺位或不完善，制约了金融服务的有效跟进。

（六）厦门境外投资体量仍然较小，结构需要优化

从对外直接投资流量上来看，厦门在深圳、青岛、宁波、大连全国计划单列市中位于末位。此外，投资结构仍然需要优化。从存量上来看，贸易企业仍占厦门市境外投资半壁江山，而优势制造业、科技合作型、资源合作型投资项目占比仍然较低。

（七）历史和政策原因导致惯性"灰色投资"

2014年年底之前，我国境外投资相关审批手续较为烦琐，导致许多企业采取"地下通道"、经转香港等途径实现境外投资。实行备案制以来，境外投资便利性显著提升，但因政策调整时间较短，政策知晓率较低，外加投资者惯性思维，许多境外投资仍沿用"地下通道"，尚未浮出水面。

同时，由于对某些国家的投资，以个人名义相比以中资企业名义，在获得土地所有权、矿产资源开发权、特大型项目审批等方面更具有操作灵活性和审批时效性的优势，因而催生了部分投资者仍选择"灰色通道"实现境外投资。如：福建某公司拟在美国建设境外经济合作区，受美国相关审批制度因素影响，前期先以个人名义购买1500亩土地使用权，将来再通过法律渠道进行收购变更转移至境内企业名下，并开展后续投资。

此外，调研显示，内地超过30%的高净值人士、超过50%的超高净值人士持有境外投资，但由于当前我国制度约束，大部分个人境外投资均通过"灰色通道"实现。闽南地区民营企业活跃，一批高净值人士，存在大量现有和潜在个人境外投资需求尚未得到满足的情况。

（八）海外投资风险凸显

福建某市政工程民营企业从2012年起到赞比亚投资，反映当地存在三类主要风险：首先是政治动乱风险，公司不得不雇佣当地的保安和警卫来加强安防；其次是政策风险，选举期间当地治安混乱，换届后新政府又常常推翻前届政府政策；最后是汇率风险，当地货币贬值严重。

四　政策建议

针对以上问题，结合实际情况，我们认为，当前亟须构建由政府主导的、各方参与的、以市场需求为导向的"一带一路"多边合作"一站式"服务平台。

（一）建立"一站式"联动机制

整合政府部门板块（外交部、发改委、财政部、商务部、外管局和各省市政府等）、商协会板块（贸促会、商会和行业协会等）、金融机构板块（出口信用保险公司、国开行、进出口银行和商业银行等）、中介机构板块（律师事务所、会计师事务所、担保公司、评估公司和投资银行等）、涉外机构板块（驻外领事馆经商处、国际经贸组织和境外投资联络点等）、"一带一路"沿线国家板块（沿线国家的监管机构、金融机构和企业等）六大功能板块资源。逐步吸收充实各功能板块成员，通过建立联席会议制度、举办集中服务日活动、建立信息共享制度等一系列举措，建立联动机制，为"一带一路"提供全方位高水准的服务。

（二）提供"一站式"专业服务

以企业需求为导向，充分发挥上述六大功能板块的资源优势，为"一带一路"海外投资提供投资环境咨询、备案管理、政策解读、金融支持、法律服务、财务服务、风险评估、应急事件处理等专业服务保障，解决企业在境外投资中遇到的困难和问题。同时，"一带一路"沿线国家也可以在这一平台上发布相关招商合作信息，进行项目推介，以协助有投资意向的企业进行项目对接。

上述多方"一站式"服务平台的构建，有助于促进各部委和省际之间的协调、"一带一路"海外投资公共产品的提供、企业之间成功经验和失败教训的交流、政策咨询服务与量身定制服务的结合；以及中国与"一带一路"沿线国家的相关合作。最后需要指出的是，上述平台得以成功构建的前提，是中国政府必须尽快强化"一带一路"的顶层设计与配套措施，以提高跨部委、跨省域、跨国别的协调和合作。

（三）构建"走出去"风险防范体系

从企业层面来看，管理层在作出决策前需要有更多耐心，不能急功近利，更不能为了"走出去"而走出去。我国企业应当客观评估自身条件和能力，并充分依托相关专业机构，对投资目标国的市场、法律、劳工等相关情况进行充分研究，部署好投资经营策略。

从国家层面来看，建议构建中国对外投资国家风险评级、预警和管理体系。政府和智库应从中国企业和主权财富的海外投资视角出发，设立专门的海外投资风险评估机构，全面评估中国海外投资所面临的战争风险、国有化风险、政党更迭风险、缺乏政府间协议保障风险、金融风险以及东道国安全审查等主要风险，并提供风险警示。当中国海外投资利益受到实际损害或存在损害威胁时，我国政府要采取包括外交、情报部门的统一部署、及时沟通和综合应对。建立和完善海外投资保险制度。我国目前尚未对海外投资保险制度予以法律上的确认，因此需要相关部门在总结实践经验的基础上，推进《海外投资保险法》的立法进程。同时，明确承保对外投资保险业务的机构。

（四）借"自贸区"之力探索制度创新，进一步推进个人投资者境外直接投资试点，让"灰色投资"阳光化

目前在上海自贸区内原则上允许个人进行对外直接投资，但在实际操作层面还存在诸多障碍。例如，按照央行相关规定，个人投资者必须是"在区内就业并符合条件"。但由于区内各银行对央行指导性文件解读并不一致，所做出的规定限制也存在差异，将部分期望通过上海自贸区参与境外直接投资的个人挡在了门外。

建议中国借"自贸区"之力，进一步探索个人境外投资的制度创新。将包括福建在内的更多自贸区列入个人境外投资试点区域。支持符合条件的自贸区内个人限额内自主开展直接投资、并购、债务工具、金融类投资等交易，并逐步放宽对个人境外投资的外汇管制。尽管目前我国存在一定的资本流出压力，但与其让"灰色投资"肆掠，不如将其阳光化和规范化。而先行试点有助于防范和控制开放过程中短期资本大量外流的风险和洗钱等非法行为产生。

（五）多层次解决中小企业"走出去"融资难问题

建立中小企业海外投资基金，解决中小企业"走出去"长期经营所需的外汇资金需求。该基金规模可为100亿—500亿美元，根据具体海外投资项目情况分期注资。基金性质可为股权、债券混合型基金，投向为中小企业海外投资长期外汇贷款或者股权融资，重点支持有助于中国经济转型升级和转移国内过剩和落后产能的中小企业海外投资项目。我们同时建议，基金委托商业银行管理，遵循商业化运作原则，以减少东道国对于"竞争中性"的忧虑。

丰富和扩大中国商业银行的海外业务。商业银行要提高服务境外中国企业的意识，逐步在境外形成覆盖面较广的服务网络，帮助我国企业在境外投资形成的国外资产用于"外保内贷"。同时要加大与企业之间的互动。将商业银行现有的金融产品，尤其是与境外投资相关的金融产品（如外汇风险对冲产品）向企业推广介绍。同时，根据境外投资企业的实际需求，开展金融产品和金融服务的创新。

加强国际合作，推动建立跨国征信体系。由于企业境外资产用于境内交易和抵押融资，涉及国家之间的抵押物登记、监管、法律相互适用等方面的问题，我国应通过一系列政府层面的合作协议来推动建立跨国征信体系，为金融服务的有效跟进建立配套基础。

（六）聚"两岸"手足，共赴"走出去"新征程

作为两岸经贸合作的前沿，厦门应发挥先发优势，鼓励和支持两岸企业携手"走出去"，充分发挥大陆企业的资本和产业优势，以及台资企业的跨国经营管理和技术优势，推动闽台经济深度融合并最终走向统一。

第三章　平潭调研分报告

一　平潭在 21 世纪海上丝绸之路
战略中的优势

（一）历史地理联系广泛

历史地理联系是平潭参与海上丝绸之路建设较大的优势之一。福建自古是中国对外交往的重要区域，对外与东南亚，东非，南亚有密切联系，对内同时与长三角、珠三角连接。平潭位于福建省东部海域，和香港澳门距离非常近。平潭是大陆离台湾最近的岛县（与新竹距离仅 68 海里），早在清咸丰年间平潭就是福建省五个对台贸易的港口之一，在全国也是最早被批准设立的台轮停泊点、台胞接待站、对台小额贸易县之一。目前平潭已经开通至台中、台北两条海上直航航线，累计运送旅客近 42 万人次；开通两岸"小三通"货轮航班和集装箱定点航线，形成两岸货物、邮件运输的通道。2014 年平潭的"海峡号"、"丽娜轮"运送旅客 12 万人次，同比增 16.7%，海上直航形成两线并进、两船运营、两岸对开的局面。

（二）存在一定的对外产业关联度

平潭的地理位置决定了平潭的海洋产业历史悠久，发展水平较高，这包括近海渔业、远洋渔业、海运、船舶修造等行业。数据显示平潭人工渔港超过 60 个，渔船数量巨大，海水养殖面积大，养殖种类多，民营船舶制造和修理公司蓬勃发展。平潭在岸线港口、海洋生物、滨海旅游，清洁能源等方面都有较为丰富的资源。非洲一些国家（安哥拉、塞舌尔、赤道几内亚、毛里求斯、科特迪瓦、马达加斯加）都在开展与福建的渔业合作，具体包括水产养殖、海产品出口、建立渔业合作基地等，平潭在这些方面具有一定的优势。南亚的斯里兰卡、孟加拉国、马尔代夫等国渔业资源丰富，但基础设施比较落后。这些国家与福建渔业企业展开合作，在提升海产品出口质量，扩大出口方面有很大空间。

目前，平潭努力培育电子信息、现代服务业、文化创意、旅游休闲等四大产业，力图构建低碳、智慧、生态、高附加值的高端产业体系。平潭综合实验区电子信息、现代服务业、文化创意产业的发展，可以通过增加与台湾的经济联系贸易来实现，目标市场定位为日本、韩国、东南亚等其他国家和地区，通过高技术含量、高附加值产品的出口贸易，探索发展服务贸易，将平潭综合实验区打造成为服务大陆、面向中国台湾、辐射东南亚、通往海上丝绸之路国家的起点和中转点。

在旅游方面，平潭气候宜人，又有独特的海蚀地貌。同时平潭人文旅游资源荟萃，境内到处保存着渔村老宅，原生态文化保存良好，曾在中国古代海上丝绸之路上扮演重要角色，也是陆上丝绸之路的重要节点，在对外经贸文化交流史上曾经发挥过重要作用。平潭自然旅游资源丰富，其主岛海坛岛全区共由 126 个岛屿和 702 个礁岩组成，有"千礁百岛"的说法。2010 年 3 月，《平潭旅游规划》正式启动。平潭已经建设海坛古城一期、美丽之冠、美丽乡村等旅游综合体项目，目的是打造国际旅游目的地，便利外国游客来平潭旅游。

（三）人脉资源深厚

福建籍的华侨数量巨大，其中 70% 以上居住在东南亚，是福建与丝绸之路沿线国家交流合作，并进行经济文化往来的重要力量。平潭在推动融入 21 世纪海上丝绸之路战略时，应借力福建华侨华人在东南亚国家数量众多，网络发达及经济实力较强的优势，拓展与海外华侨的联系交往，推动海上丝绸之路的建设。

平潭已经举办四届共同家园论坛、两岸金融、体育等论坛以及两岸沙雕节、自行车赛、马拉松赛、跆拳道比赛等活动，加强了与台湾地区的人员往来。

此外在平潭就业生活的台胞已经增加到 1000 多人，有 300 多名台胞在平潭购房、近 200 多名台生在平潭就学。目前台湾重要团组 800 多批次、17000 多人次到平潭考察，台资企业达到 510 家。

（四）贸易增长较快

中央赋予了平潭七个方面共 28 条优惠政策，其中很大一部分是便利贸易的政策，包括海关和检验检疫监管办法、对台小额商品交易、一类口岸开放、土地管理综合改革试点、跨境电子商务试点、企业所得税优惠目录、二线退税、海运业务试点、对台海运快件业务试点等。福建省、省政府，中央和省直属有关部门、实验区也有一系列配套政策。

在这些优惠政策的支持下，2013 年平潭出口总值 2.05 亿美元；进口总值 2.32 亿元；内资实际到资 38.05 亿元（不含增资部分）。而在 2011 年平潭的出口总值仅为 700 万美元，同比增长率 28.4%[1]。平潭出口重要的目标市场包括东盟国家[2]，台湾等。

平潭台湾商品交易市场自 2014 年 6 月开业至今累计签约入驻商户 240 家，已开业运营 186 家，累计进口台湾商品约 9903 万美

---

[1]《平潭综合实验区 2013 年国民经济和社会发展统计公报》。

[2] 福建与东盟国家经济贸易往来历史悠久，是传统的贸易伙伴，2014 年东盟已经是福建的第一大贸易伙伴。

元，销售额超 6 亿元，月均增长 51.8%，入场购物游客超过 45 万人次。

平潭的自贸区试点正在有序推进中。目前平潭已经成立福建自贸区平潭片区管委会，下设自贸办、行政审批局以及金井湾、岚城、澳前三个功能园区办事处。平潭还研究制定了片区具体实施方案和试点任务清单，提出了 2015 年至 2017 年实施 41 项试点任务和 137 项试验措施，梳理出今年重点推进的 34 项试点任务、81 项试验措施、36 项重点产业项目。根据"1 个试验项目、1 个产业载体、1 个配套实施方案"的原则，率先启动实施部分试验措施和产业项目。目前，平潭自贸试验区规划范围内已有产业对接项目 22 个，2014 年完成投资 25 亿元。

（五）投资有所增长

2014 年，平潭吸收外商投资企业 378 户，其中台资企业占外资企业总数的 74%，当年完成外商直接投资 2.15 亿元，增长 0.9%。2013 年平潭新批准外资企业数 62 户，注册资金 2.4 亿美元，其中台资企业 54 户，比增 12.5%（总数达 136 户，比实验区成立前增长 30 倍）；外商投资总额 5.87 亿美元，其中新增合同外资额 2.13 亿美元，比增 102.6%；实际利用外资 1.27 亿美元，下降 20.7%[1]。2011 年，平潭新签利用外资合同 24 项，合同投资额 1.75 亿美元，（增长率 1006.6%）；实际利用外资 1.35 亿美元（增长率 1982.0%）。

平潭建立了台湾创业园和台湾高新技术产业园以吸引台资企业入驻。平潭制定了具体扶持政策，成立了两只基金和一个担保公司，已经正式投入运营，登记入驻企业 378 家，而台湾高新技术创业园中已有宸鸿科技、冠捷科技等企业入驻，以及其他一些通用厂房、服务企业入驻。

---

① 《平潭综合实验区 2013 年国民经济和社会发展统计公报》。

目前福建对外投资的主要目的地包括印度在内的南亚国家，非洲国家；投资的主要行业包括农业、纺织业、基础设施建设、贸易、机械制造业等。平潭在上述地区及相关行业的投资具有较大增长空间。

二 平潭在参与 21 世纪海上丝绸之路战略中面临的挑战

（一）存在与福建自贸区其他两个片区的协调问题

目前，中国（福建）自由贸易试验区包括福州、厦门和平潭共三个片区。从面积来看，福州片区 31.26 平方公里，厦门片区 43.78 平方公里，平潭片区 43 平方公里。从定位来看，福州是自贸区和国家级新区双覆盖城市，平潭自贸区是福建自贸区的核心。从主导产业来看，福州片区主要建设先进制造业基地；厦门片区目的在于建设两岸新兴产业和现代服务业合作示范区、东南国际航运中心、两岸区域性金融服务中心和两岸贸易中心；平潭片区主要实施投资贸易和资金人员往来便利化，以建设两岸共同家园和国际旅游岛。

福建是海上丝绸之路战略的起点省份，国务院《中国（福建）自由贸易试验区总体方案》中对自贸区的战略定位是：立足两岸、服务全国、面向世界，要建设成为制度创新的试验田，深化两岸经济合作的示范区和建设 21 世纪海上丝绸之路沿线国家和地区开放合作的新高地。福建自贸区的主要发展目标是经过 3—5 年的改革探索，力争建成投资贸易便利、金融创新功能突出、服务体系健全、监管高效便捷、法制环境规范的自由贸易园区。福州、厦门、平潭都是福建为了实现这个目的扩大对外开放，增加对外经济贸易联系的重要自贸区。

从现实情况来看，三个片区对于自身以及合作在海上丝绸之路中发挥作用并没有整体的战略规划。不仅没有对合作国别针对性的分工，也没有专门的区域合作平台，或者是交流平台，这将影响三个片区与海丝国家的合作效率，经贸交流的方向也不那么明确，福建省包括平潭在海丝国家的影响力和辐射力将受到限制，福建与海丝国家的良性互动有待增强。从已有的产业基础来看，福州和厦门都略强于平潭，平潭如何发挥自己的优势，达到与其他两个片区产业的有机协同发展，是其对外开放开发的重要问题。

（二）产业合作基础较为薄弱

目前平潭，以及福建其他一些地区与"海丝"国家的产业合作尚待深化。尽管福建贸易和投资增长较快，但从存量来看，双边贸易和投资总量仍然较小，没有形成规模效应和集聚效应。以2014年为例，广东省的进出口总额为10767亿美元，吸引外商直接投资273亿美元，对外直接投资108亿美元。而福建省2014年的出口总额为1774亿美元，吸引外商直接投资84.9亿美元，对外直接投资10.5亿美元。与江苏浙江等经贸大省相比可以得到类似的结论：福建对外经贸联系有待增强，与海丝国家的合作还未进入快速发展阶段。

其中，福建与"海丝"国家的产业合作基础较为薄弱。从南亚印尼、越南、泰国、缅甸等国的经济结构来看，由于承接了中国部分低成本制造业的转移，因此与福建在劳动密集型产业（例如纺织，家装，家具，工艺品制造等）存在一定的竞争和重合关系。而福建具有优势的海洋产业、纺织、钢铁、装备制造、海洋等产业与"海丝"国家的合作基础较为薄弱。目前福建对外投资的贸易型企业多，生产型企业少，这也影响了与"海丝"国家经贸合作的广度与深度。

从平潭现有的产业结构来看，2014年平潭地区生产总值171.94亿元，同比增长10%；其中三产业预计实现增加值37亿元、58亿元、77亿元，分别比增3%、18%和22%，三次产业结构为 21.5∶33.7∶44.7。可以看到平潭农业比重仍然较高；服务业中现代物流、商贸流通、金融等有所发展；平潭尚处于工业化发展初期阶段，在推进现代服务业和先进制造业发展方面明显不足，产业发展"瓶颈"较为突出，平潭在三个产业和"海丝"国家的合作都处于发展的早期阶段。

（三）面临的金融支持力度有待加强

福建自贸区各片区的金融生产总值都处在上升的状态，但上升幅度小。自贸区金融主打台湾业务，但由于两岸金融开放存在一定程度的不对等，金融合作的层次较低，金融创新和先行先试在缓慢推进中，业务量增长较慢。

与临近的上海自贸区相比，平潭自贸区的金融支持显得略有不足。上海自贸区的优势之一是明确提出了"货币兑换自由"，其二是在福建自贸区落成之前明确了上海自贸区的资本项目可兑换改革，已经形成了工作方案。比较来说，福建自贸区的开放程度低于上海自贸区，目前提出的是在区内的对台小额贸易市场设立外币兑换机构，仅允许两岸银行同业借款和台资银行向区内放贷，且试行的资本项目限额内可兑换；其次福建自贸区尚未出台可操作的、针对自贸区内金融企业的设立、资格审查以及运行细节等方面的措施；平潭的金融基础较其他片区更加薄弱，适用于其他自贸片区的政策和措施可能无法支持平潭的金融发展。

三 推进平潭参与"海丝"战略的政策建议

（一）明确平潭在福建自贸区中的定位

发挥平潭离台湾比较近的独特优势，以国际贸易、港口物流、先进制造、旅游服务、商务服务为重点，科学规划港口经贸区、高新技术产业区和旅游休闲区三大区块产业空间布局，着力构建与自由港和国际旅游岛相衔接的产业经济体系，把平潭自贸试验区建设成为两岸自由贸易示范区和改革创新的"试验田"。

（二）加强对台合作将其作为与海丝国家对接的节点

平潭需要提升自贸试验区对外开放水平，把握两岸合作发展的主动权，实现与台湾资金、人才、技术等要素自由流动和两岸优势互补，促进两岸经济全面对接与深度融合。推动平潭与台湾自由经济示范区全面对接。针对台湾重点发展的智慧物流、国际健康、金融服务、教育创新等产业，探索两岸合作自贸园区的建设。

（三）寻找将政策优势转变为产业发展优势的机制，推动产业发展

平潭原有产业基础薄弱，新引进项目尚未形成规模，产业发展能力、协同配套能力较弱，缺乏一批规模大实力较强的大型骨干企业，龙头带动效应和核心竞争力还未形成，加上周边区域在产业、技术、人才、资源各方面具有较大的吸引力，仅靠优惠政策难以吸引项目落地。平潭需要将已有政策优势转变为产业发展优势，夯实现有的产业基础，建立特色产业集群（例如面对台湾生技产业的高新技术产业园区），在闽台产业合作的基础上展开对"海丝"国家的开放开发。

（四）加强金融支持平潭参与"海丝"战略

设立平潭综合实验区发展各类专项基金，为试验区基础设施建设和产业发展提供资金保障。鼓励和支持国内外各类商业和股份制银行、证券公司、信托投资公司设立分支机构，可设立台资持股比例达50%以上的金融公司。在条件允许的情况下成立区域开发银行，为试验区乃至海峡经济区开发建设提供专门的信贷资金支持；完善金融体制、进一步扩大金融领域开放，在平潭综合实验区试点内建立两岸金融业监管合作机制和

货币清算机制，降低企业结算成本和经营风险，建设跨境人民币结算的区域性国际金融中心，促进资金自由的融通和无差异利用。对自贸区内台湾金融机构向母行（公司）借用中长期外债实行外债指标单列，并按余额进行管理。

（五）重视华商网络及与"海丝"国家政府的合作，建立平潭——海丝沿线国家产业人才培养基地

平潭需要积极推动建立福建与闽籍华侨华人社团之间常态化的沟通协调机制，推进平潭与"海丝"国家的双向投资与贸易，密切人文交流交往。同时增设一些友好城市，加强政治往来和官方交流。需要建立平潭—海丝国家人才教育培养基地，建立合作共建机制，把教育培训基地建设成为产业人才培养、科学研发、区域合作、国际交流的重要平台。

表 1 - 1　　　　　　　　平潭开放开发主要文件及内容

时间	文件	主要内容	效果
2009 年 7 月	《关于支持福建省加快建设海峡西岸经济区的若干意见》	福建省委决定设立平潭综合实验区	
2011 年 3 月	《海峡西岸经济区发展规划》	加快平潭综合实验区开放开发	平潭开放开发上升为国家战略
2011 年 11 月	《平潭综合实验区总体发展规划》	国务院批复	赋予平潭 7 方面 28 条比经济特区更加特殊、更加优惠的配套政策
2013 年 2 月	平潭综合实验区建设部际联席会议机制	国务院批准设立	包括国家发改委等 13 个国家部委，负责指导、协调和服务平潭开放建设
2014 年 12 月	新一轮自由贸易区建设试点	国务院常务会议批准	
2015 年 4 月	福建自贸区平潭片区挂牌成立		平潭开放开发进入新阶段

表 1 – 2　　　　　　　　　平潭综合实验区开放开发的总体思路

发展定位	建设两岸同胞合作建设、先行先试、科学发展的共同家园，成为两岸合作交流的先行区、体制机制改革创新的示范区、两岸同胞共同生活的宜居区、海峡西岸科学发展的先导区
开发原则	坚持生态、低碳、智慧、开放，坚持"先保护后开发、先规划后建设、先地下后地上、先功能后城市、先生态后产业"的"五先五后"原则
重点产业	高新技术产业，现代服务业，海洋产业，旅游业
总体布局	四区十一组团，包括中心商务区、港口经贸区、科技文教区、旅游休闲区
发展目标	到2015年，加快开发开放的基础条件基本完备，特色产业发展迈出新步伐，开发开放的体制机制基本建立，两岸交流合作前沿平台功能更加凸显；到2020年，基本形成以高新技术产业和现代服务业为主导、社会融合发展，两岸同胞共同家园基本建成；到2030年，建成机制先进、政策开放、文化包容、经济多元的现代化、国际化自由港市

第二部分　东盟海上丝绸之路
调研报告

　　为了解东盟国家在"一带一路"建设中的现状、问题、挑战与政策诉求，更好地贯彻国家的"一带一路"倡议，推动海上丝绸之路的协调发展，中国社会科学院世界经济与政治研究所"海上丝绸之路沿线国家与省份调研"课题组近期赴印度尼西亚与新加坡进行了实地调研，走访了雅加达与新加坡两个城市，通过访谈的方式，与当地大学、智库、金融机构的专家学者进行了深入交流，获取了大量的来自实践的第一手材料。

第四章　东盟调研总报告

2015 年 11 月 9 日至 16 日，课题组在印度尼西亚和新加坡进行调研。通过考察与学术交流，对中国同东盟成员国之间"一带一路"的合作共赢，有了更为深刻的观察和认识。

一　东盟具有"一带一路"海外支点优势

从中国对外投资与对外工程承包的角度，新加坡、印尼以至整个东盟都具有明显的区位优势。这种区位优势构成了东盟作为中国"21 世纪海上丝绸之路"上的海外重要战略支点。

（一）地理优势

东盟地处海上丝绸之路的十字路口和必经之地。中国经济以东盟为支点和跳板，可以更好地发展面向南海、太平洋和印度洋的战略合作经济带，实现以亚欧非经济贸易一体化为发展的长期目标。在东盟各成员国中，新加坡和印尼的地理重要性可谓不言而喻。

新加坡不仅是欧、亚、大洋洲的航空中心，而且因扼守马六甲海峡，使其成为世界最主要的转口港。目前多达 80 多个国家的 150 多家航运公司的船舶都在使用该港。同样，做为 21 世纪海上丝绸之路的首倡之地，同样，印尼坐拥马六甲、龙目、巽他海峡等海上战略通道，地处印度洋与太平洋交汇处，也是海上丝绸之路两条线路的交汇处，且是 21 世纪海上丝绸之路联通大洋洲、欧洲和非洲等地区的关键节点。

（二）生产要素优势

所谓生产要素，是指进行社会生产经营活动时所需要的各种社会资源，是维系国民经济运行及市场主体生产经营过程中所必须具备的基本因素。东盟各国在一些生产要素方面拥有的优势，是中国—东盟在"一带一路"实现合作共赢的重要基础。

1. 在人力资本方面，东盟各国拥有丰富的劳动力资源。按照澳新银行 2015 年 4 月发布的《东盟：下一道地平线》报告预测，到 2030 年，30 岁以下的青年人将占到东南亚 6.5 亿人口的一半以上。而在劳动力价格方面，我们通过调研认为，尽管近年来类似印尼、越南等一些过去劳动力成本较低的东盟国家，它们的工资上涨较快，例如，从 2015 年 1 月起，印尼雅加达的最低工资达到 215 美元，越南河内及胡志明市，其最低月薪也上调 15%，达 310 万越南盾（145 美元），但与中国沿海地区相比，从跨国投资的角度比较，这些国家劳动力价格依然相对低廉。而且伴随着东盟区域内劳动力市场的自由流动，企业可以吸收来自柬埔寨、老挝等国家的劳动力就业，因为这些国家的劳动力价格更为低廉。

2. 自然资源优势。东盟各国拥有丰富的自然资源。以有"千岛之国"之称的印尼为例。相比于其他"一带一路"沿线国家，印尼矿产资源品种齐全、储量丰富，如红土镍矿。在印尼 2014 年实施原矿出口禁令前，其红土镍矿出口量居世界第一，占全球总供应量的五分之一。

3. 新加坡拥有的资本市场等诸多优势。新加坡是全球著名的国际金融中心，是全球资本的重要集散地之一，也是世界第二大人民币离岸清算中心，企业融资渠道多样。同时，做为国内商业环境优秀、基础设施发达的国家，其在基础设施建设与管理的先进经验，在可以成为中国在"一带一路"沿线国家进行投资与经营的第三方合作伙伴。

（三）区域经济一体化优势

2015 年岁末，东盟 10 国正式推出东盟经济共同体的贸易协定。按照该协定，在整合东盟拥有 6.2 亿人口贸易市场的同时，允许劳动力、服务业和资本在成员国间自由流动。这将使得东盟的全球影响力有较大提高。实际上，目前的东盟区域经济一体化已经达到了很高的程度。例如，马来西亚、印尼、新加坡、泰国和菲律宾之间的关税已趋近于零的水平。这一状况将有效地促进东盟区域内的汽车、纺织、林业等产业的加速融合。

（四）华侨华人的人脉优势

据统计，"一带一路"沿线华人华侨资产有 5 万亿美元之巨。可以说，从整体上看，中国企业在"一带一路"中的投资项目如何与当地华人华侨更好地合作，可能对"一带一路"倡议的实践具有重要意义。目前，中国海外华人华侨大约 6000 万人左右，其中东盟便占到约 70%。"一带一路"对东盟各国华人经济而言，同样是一个良好发展机遇。华人华侨对中国海外投资的积极作用，无疑是中国企业相比于日本等国企业所独有的优势。

（五）基础设施领域具有先行重点进入的条件

中国与东盟国家在"一带一路"方面拥有共同合作意愿及很多契合点。从东盟国家经济发展状况来看，基础设施是"一带一路"先行合作的重点领域。目前类似印尼、越南、柬埔寨等东盟成员国的基础设施状况不是十分理想，仅相当于中国 20 年前的水平。以铁路为例，在欧盟和日本等发达国家，它们的铁路里程与其各自国土面积之比普遍在 5% 以上，但绝大多数发展中国家的均在 1% 以下。以国土面积近 190 多万平方公里的东南亚第一大国印度尼西亚为例，其全国的铁路通车总程却不足一万公里。为改变这一落后状况，2015 年 3 月，印尼政府宣布将计划用 5 年时间，在苏门答腊、加里曼丹、苏拉威西和巴布亚四大岛屿建设铁路网络，其中苏门答腊铁路建设规模最大。可以说，中国与印尼在铁路方面的合作前景还是十分令人看好的。不过这也面临着来自日本等其他国家企业的竞争。目前正在进行的中日企业针对雅加达—万隆铁路项目的竞争，就是一个最好的例证。

目前，印尼已连续多年成为中国在东南亚第一大工程承包市场。除了印尼外，中国其他东盟国家的基础设施建设的合作项目也很多，例如中国企业现在已占越南外来工程承包市场份额的90%，其中涉及公路、桥梁等领域的建设项目。

当然，由于基础设施的建设项目存在投资周期长、负债率高而利润率较低的特点，中国更应鼓励国内企业参与基础设施的运营或高端服务项目的投资。

二 在东盟推进"一带一路"的障碍与风险

尽管东盟做为"21 世纪海上丝绸之路"具有很多优势，但在调研中我们发现，在中国与东盟间开展"一带一路"的合作中，困难和阻力同样不少。未来中国企业需对在该地区的投资经营活动保持清醒的风险意识。

（一）东盟对"一带一路"倡议意图心存疑虑

在对印尼和新加坡的调研过程中，两国学者都表达了这样的疑虑，即：中国推行"一带一路"倡议，除了开展经贸合作目的以外，是否还有其他政治或外交动机。他们认为，今后东盟将会继续坚持实行开放门户，奉行以东盟自身利益为中心来平衡大国关系，避免在经济合作中过多地依赖中国。

（二）"一带一路"的整体规划不足与主体错位

在与印尼、新加坡学者交流时，他们都表达了两个共同的看法。

一是缺乏"一带一路"整体发展路径的顶层设计。虽然目前中国国内各省市政府对"一带一路"高度重视和响应，但内容与范围过于空泛，不仅缺少顶层设计中的具体方案和详细信息，也缺乏部门间的沟通与协调。一哄而上的现象令周边国家较难理解。

二是中国各地政府不能越俎代庖。最终"一带一路"倡议的践行者是企业，而国内企业整体上的参与热情还有待提高，更多地表现为谨慎地观察阶段。当然，这种谨慎并不是坏事，反映了更多企业的风险防范意识。调研结果表明，在东盟，除了格力、华为等少数著名企业外，目前还缺乏有实力的、技术能力强的大型企业在东盟国家投资。这在客观上形成投资主体的错位与缺失。具体到国企和民企而言，一些国企因反腐可能不愿在"一带一路"上有所作为，而民企则或因涉及资金项目大的基础设施，或因"一带一路"沿线投资的国家风险偏高，投资意愿与能力同样不足。

（三）中国企业及其产品的国际市场整体形象亟待优化

我们曾经与部分越南学者也有过"一带一路"问题的学术交流。据越南学者们反映，中国在越南消费市场声誉普遍较差。以摩托车为代表的中国商品，往往体现出的特点是假、冒、伪、劣、耗能高、寿命期短等问题，一般消费者都不太乐意买中国商品，特别是类似摩托车、食品等涉及交通安全和食品安全的产品。

这种状况不仅在我们与印尼、新加坡专家学者的座谈中得到相似的看法，而且与我们对当地消费品市场的观察结果相一致。

例如，在雅加达，无论是汽车，还是市民主要出行工具之一的摩托车，绝大多数是日系品牌，几乎鲜有中国产品。因此，要想在东盟推进"一带一路"倡议，中国企业及其产品在东南亚市场形象的现状是不能令人满意的。

（四）中国企业控制海外投资风险能力不足

在调研中我们发现，一方面，存在上述投资主体整体上参与热情不高；另一方面，已经"走出去"的企业对于投资风险的防范意识不高。中国企业海外投资由于急功近利和仓促投资，导致"获益难，诉讼难，撤资难"的"三难"案例频频发生。

（五）南海问题蕴含的政治风险

在调研过程中，无论是印尼还是新加坡的学者，都会不约而同地谈到了南海问题，并因此对"一带一路"能否顺利推进表示疑虑。学者们指出，南海争端的不断加剧，可能将严重影响中国—东盟在"一带一路"方面乃至整个经贸往来的深入合作。我们认为，外国学者的这些看法在东盟国家中是一种比较普遍的现象，因为我们从当地媒体以及之前我们对泰国、越南等其他东盟国家进行学术访问中，都能听到很多类似的言论。

三　政策建议

针对上述中国—东盟"一带一路"的机遇与挑战，我们提出如下建议。

（一）厘清不同项目的不同性质让主体"复位"

为了让主体"复位"，需要厘清不同项目的不同性质，协调好政府、国有企业、民营企业和国外企业的关系。政府要在顶层设计、金融、外交等方面发挥更多的服务的作用。此外，有东盟投资者反映，像长期基础设施建设这类投资，如果要引入私人资本，需要有超主权的机构进行协调和规范运作。

我们同意这种观点。因为在发展中国家的长期基础设施项目，可能会面临更大的国家风险。没有超主权机构的协调与规范运作，项目执行及其收益的安全性很难得到有效保证。

（二）明确"一带一路"的内容和范围

新加坡的学者与金融人士建议，最好能够将"一带一路"的内容明确界定为经贸、金融、基础设施、第三方开发等经济领域。这样既有助于沿线国家更好地理解中国政府的意图，又能够打消前者的其他方面疑虑。他们同时建议，即使"一带一路"要囊括文化和社会领域，也应该进行分类，形成一个类别清晰、包含具体地带和重点行业的项目清单。

在出台这个项目清单之前，中国政府应该与沿线国家进行充分的沟通与协调，避免出现一厢情愿的状况。此外，"一带一路"的行动方案也应该考虑与沿线国家的发展战略相互对接相互促进，比如越南的两廊一圈、美国"新丝绸之路"计划、俄罗斯"欧亚经济联盟"、上海合作组织框架下多边经济合作、亚洲银行牵头的中亚区域经济合作计划、欧洲—中亚交通与能源倡议等。

"一带一路"倡议不是对其他相关倡议进行排斥、挤压和替代，而是以自愿为基础，不强求以双边或多边条约为基础。中国应一方面不回避分歧和竞争，另一方面寻求与"一带一路"沿线国家的利益契合点和合作面。最后，中国政府应该对"一带一路"的推进状况进行定期评估，客观透明的披露进度。

（三）避免将"一带一路"倡议化和地缘政治化

中国在对外宣介中应避免使用"战略"、"地缘政治"等硬性词汇，而应使用"倡议"、"经济合作"等软性词汇。正如中国外交部副部长张业遂所阐述，"一带一路"是合作倡议，中国没有特别的地缘战略意图，无意谋求地区事务主导权，不经营势力范围，不会干涉别国内政。中国宜主动确立在相关宣传的话语主导权，突出"一带一路"的和平性质及其与中国和平发展道路的一致性和继承性，避免海外将此倡议政治化、军事化和战略化。

（四）选择可产生示范效应的成员国进行重点合作

在重视与发挥东盟各国在"一带一路"支点优势的同时，也应对其不同成员国与中国的"一带一路"合作前景进行甄别分析。要格外重视发展那些更具投资与经贸合作潜力国家的合作关系。这样做的益处，既可以向中国国内企业做海外投资项目推介与扶助，又可以对"一带一路"沿线国家产生良好的示范效应。

经过认真调研，我们初步认为，从经济互补性、对"一带一路"与中国的合作意愿、外资政策环境、市场发展潜力、与中国关系等诸多方面综合考量，印尼是其中较为值得中国予以特别重视的合作国家之一。

（五）在南海区域形成各方均能接受的良好行为准则

新加坡学者建议，在主权问题存在争议的前提下，最好能够在南海区域形成各方均能接受的良好行为准则，以避免因南海问题擦枪走火，甚至显著恶化。而推进南海合作是增强中国与东盟国家互信互惠，降低"一带一路"建设障碍的重要途径。中国应在中国—东盟"2＋7"、中国—东盟海上合作基金、亚投行等现有框架下，让相关合作项目和倡议及早落地，从而为夯实与东南亚国家尤其是南海争端国的利益交汇点，打下基础。

（六）充分发挥东盟华侨华人的作用

东盟的华人经济具有相当大的规模，而且华商在当地行业协会中也往往具有举足轻重的影响力。充分发挥华侨华人的影响与作用，是走好中国—东盟"一带一路"合作棋局中的重要一步棋。

"国之交在于民相亲，民相亲在于心相通"。如何更好地通过华侨华人与东道国社会建立起广泛的互利互信关系，不断提高中国企业及其产品的国际形象，是未来"一带一路"中值得细化研究的一大课题。

第五章　印度尼西亚调研分报告

一　印尼基本情况

印尼地处东南亚和大洋洲，国土面积位列世界第十五（陆地面积约190.4万平方公里，海洋面积约316.6万平方公里）。印尼是全球最大的岛国，由17508个岛组成，其中约6000个岛有人居住，最大的岛Java岛上居民数量占全国总数量的51%。目前印尼人口数量约为2.55亿，是全球人口数量第四大国家，也是穆斯林密集程度最高的国家之一（88%的人口信仰伊斯兰教）。

印尼在第二次世界大战后获得独立，由数百个不同的民族和语言群体组，最大的和政治上占主导地位的民族是爪哇族。印尼历史上一直处于动荡不安的状况中，自然灾害，大规模屠杀，腐败，分离主义，民主化的过程，与经济的快速变化都给印尼带来了各种挑战。

从资源状况来看，印尼蕴藏着丰富煤炭资源与矿产资源，矿业在印尼经济中占有重要地位（产值占GDP的10%左右），矿藏也为其工业的发展提供了大量的生产要素。据印尼官方统计，印尼石油储量97亿桶（13.1亿吨），天然气储量4.8万亿—5.1万亿立方米，煤炭已探明储量193亿吨，潜在储量可达900亿吨以上。除此之外印尼的煤、锡、铝矾土、镍、铜、金、银等矿产也比较丰富。从人口资源来看，印尼的人口结构年轻化程度较高，这和发达经济体日益明显的人口老龄化存在显著不同。人口红利不仅为国内消费支出提供了巨大的动力，而且为工业发展提供了足够的劳动生产力。

二　印尼的经济状况

（一）经济增长率

2015 年印尼的 GDP 总量为 8726.2 亿美元，人均 GDP 为 3416 美元。数据显示：1970 年至 1996 年印尼的 GDP 年均增长 6%，跻身中等收入国家。1997 年在亚洲金融危机的重创下，印尼经济严重衰退，货币大幅贬值。1999 年底印尼的经济状况开始缓慢复苏，GDP 年均增长 3%—4%。2003 年底结束国际货币基金组织（IMF）的经济监管。2008 年以来，面对国际金融危机，印尼政府应对得当，经济仍保持较快增长。2010—2012 年，印尼经济增长率连续 3 年超过 6%。

印尼是东南亚地区最大的经济体，还是东盟创始成员国和东盟中经济总量最大的国家。时任总统苏西洛在 2011 年 5 月宣布的未来 15 年国民经济建设规划中，印尼争取在 2025 年进入世界经济十强，2050 年至少成为全球第六大经济强国。而根据美国媒体的预测，印尼可能在两年内，成为亚洲继中国、日本、印度、澳大利亚和韩国后，下一个 GDP 超万亿美元的经济体①。

2013 年来印尼遭遇多方面问题，包括贸易逆差、经常账户赤字、物价上涨、货币贬值等。2013—2015 年印尼的增速分别为 5.58%、5.03%、4.66%，比前几年的增速略有放缓，但仍然高于东盟五国的经济增速，也高于全球经济增速（图 2-1）。2015 年第二季度印尼的经济增速甚至为六年以来最低水平，这一方面是由于大宗商品与能源出口价格维持疲弱状态，影响了印尼的贸易条件，抑制了经济增长；另一方面印尼总统佐科·维多多（Jo-

---

① http://jiangsu.china.com.cn/html/2015/gdxw_0420/1394812.html.

ko Widodo）还未能成功推行重大的经济改革，征税遇到的困难会影响政府支出的意愿，政府尤其可能消减急需的基础设施投资方面的支出。印尼的经济增速短期内走软，但中长期来看依然较为稳健。

在国民收入的分配方面，印尼基尼系数一路攀升，2013年达到0.41，贫富差距扩大已成为越来越严重的社会问题。

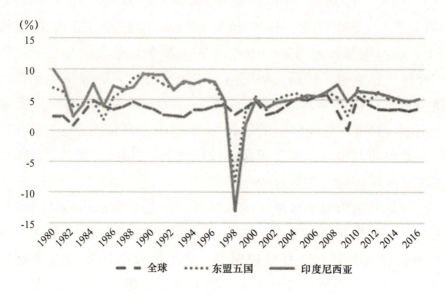

图2-1　GDP增长率（1980—2016年）

资料来源：IMF数据库。

（二）失业率

2000年之前，印尼的失业率基本保持在较低的水平，1984—1998年间平均失业率仅为3.48%。在此之后印尼的失业率一路攀升，到2005年达到最高值11.24%，1999—2006年平均失业率为8.81%。2006年之后，印尼的失业率显著下降，2015年为5.8%（图2-2）。从长期数据来看，失业率并未降至自然失业率，印尼经济增速仍有上升空间。此外，印尼的劳动力大量由低附加值的农业部门转向高附加值的服务业部门和工业部门，这使得印尼整体的劳动生产率有大幅的上升。

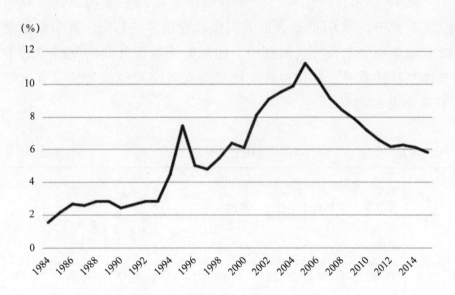

图 2 - 2　失业率（1984—2014 年）

资料来源：IMF 数据库。

（三）产业结构

近 15 年来，印尼的产业结构保持了一个较为稳定的状态，其中第一产业占 GDP 比重约为 10%—15%，第二产业占比保持在 45%—50% 上下，第三产业大概在 30%—35% 区间浮动。印尼气候湿润多雨，日照充足，农作物生长周期短，第一产业主要是粮食作物，经济作物中棕榈油、橡胶、可可和胡椒产量均居世界前列。印尼森林覆盖率为 54.25%，胶合板、纸浆、纸张出口在印尼的出口产品中占很大份额；海岸线 8.1 万公里，水域面积 580 万平方千米，渔业资源丰富。

2014 年，印尼的工业占 GDP 比重为 45%，其中：采矿业占 10.5%，制造业占 23.7%，电气水供应业占 0.8%，建筑业占 10.1%。印尼工业化水平相对较低，其中矿业对 GDP 的贡献巨大，产业关联性也比较高，解决大量就业。印尼工业发展方向是强化外向型制造业。

近15年来，印尼第三产业（服务业部门）发展迅速，成为三次产业中贡献GDP最多以及提供就业最多的部门。其中旅游业及金融业都是增长较快的部门。印尼的消费服务业的发展带动了整体经济的发展，并在经济危机期间保障印尼经济增长没有大幅下降（表2-1）。

表2-1　　　　　　　　　印尼产业结构　　　　　　　　（单位:%）

年份	农业、畜牧业、林业和渔业	采矿和采石	制造业	电力、天然气和水供应	建筑	贸易、酒店和餐饮	金融、房地产及商业服务	服务
2000	15.60	12.07	27.75	0.60	5.51	16.15	8.31	9.34
2001	15.29	11.05	29.05	0.66	5.70	16.10	8.22	9.25
2002	15.46	8.83	28.72	0.84	6.07	17.14	8.48	9.09
2003	15.19	8.32	28.25	0.95	6.22	16.64	8.64	9.87
2004	14.34	8.94	28.07	1.03	6.59	16.05	8.47	10.32
2005	13.13	11.14	27.41	0.96	7.03	15.56	8.31	9.96
2006	12.97	10.98	27.54	0.91	7.52	15.02	8.06	10.07
2007	13.72	11.15	27.05	0.88	7.72	14.99	7.73	10.08
2008	14.48	10.94	27.81	0.83	8.48	13.97	7.44	9.74
2009	15.29	10.56	26.36	0.83	9.90	13.28	7.23	10.24
2010	15.29	11.16	24.80	0.76	10.25	13.69	7.24	10.24
2011	14.71	11.82	24.34	0.75	10.16	13.80	7.21	10.58
2012	14.50	11.81	23.96	0.76	10.26	13.96	7.27	10.81
2013	14.42	11.29	23.69	0.77	9.98	14.32	7.52	11.01
2014	14.33	10.49	23.71	0.80	10.05	14.60	7.65	10.98

资料来源：印尼统计局。

（四）对外贸易

2011 年之前，印尼的经常账户为较小的顺差，最高值是 2009 年 106 亿美元。在此期间印尼的商品出口顺差较大，而服务贸易及收益项存在一定的逆差。2012 年之后商品出口的顺差不断缩小，服务贸易的逆差持续较大，因此经常账户整体为逆差状态，逆差数量占 GDP 比重为 2%—3%（见图 2 - 3）。

印尼商品余额出现逆差主要是由于进口快速增长导致的。印尼主要出口产品有石油、天然气、纺织品和成衣、木材、藤制品、手工艺品、鞋、铜、煤、纸浆和纸制品、电器、棕榈油、橡胶等。主要进口产品有机械运输设备、化工产品、汽车及零配件、发电设备、钢铁、塑料及塑料制品、棉花等。油气产品是印尼最大的进口商品，也是导致印尼贸易逆差的根源。

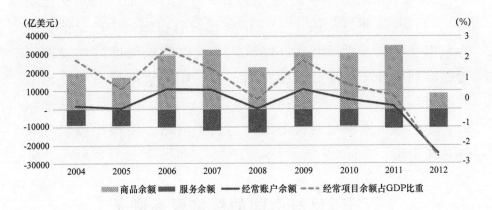

图 2 - 3　印尼的经常账户（2004—2012 年）

资料来源：印尼央行，IMF 数据库。

2014 年印尼进口数量为 1782 亿美元，其中向东盟的进口数量为 507. 3 亿美元，中国为 306. 2 亿美元，日本 170 亿美元，澳洲与大洋洲国家为 68. 3 亿美元，NAFTA 共 102. 2 亿美元，欧盟 126. 9 亿美元。

2014 年印尼出口数量为 1760 亿美元，其中向东盟的出口数量为 397 亿美元，中国（包括香港、台湾）为 268.1 亿美元，日本 231 亿美元，澳洲与大洋洲国家为 57.4 亿美元，NAFTA 共 181.4 亿美元，欧盟 168.9 亿美元。

印尼的外贸中存在"过度依赖出口资源性产品来支撑国家经济发展"的问题，为了增强经济的可持续增长，一方面需要实施减少进口政策，大力推动进口替代工业，如炼油产业，积极建设炼油厂，减少油气产品进口。另一方面，印尼也需要减少出口大宗资源性产品。通过大力发展以资源性产品为主的加工制造业，以提高生产力和附加值。

（五）税收

2014 年印尼实际税收约为 12100 万亿印尼盾（994.9 亿美元），占 2014 年目标的 94.5%。印尼税收占国内生产总值比例为东南亚各国最低，仅为 11.77%。税收增长缓慢的主要原因为基准利率升高和基础设施落后，制约印尼资本交易和外国直接投资增长，从而导致潜在税收流失；印尼纳税者纳税率较低；印尼对于逃税和避税的法律定义不清晰，使得很多税务案件悬而未决。

三　印尼与中国的经济贸易联系

印尼与中国的贸易联系非常紧密。印尼对中国的出口持续增长，从 2002 年的 29 亿美元，增长到 2014 年的 176 亿美元（占印尼出口总量的 10%），复合增长率为 14.8%。在 2011 年印尼对华出口达到过 229 亿美元。相比之下，印尼从中国进口的增长速度更高。2002 年只有 24.3 亿美元，2014 年这个数值已经增加到 306.2 亿美元（占印尼进口比重为 17.2%），复合增长率为

21.5%。中国目前是印尼非油气产品第一大贸易伙伴。2008 年之后印尼对华处于贸易逆差状态（图 2 - 4）。

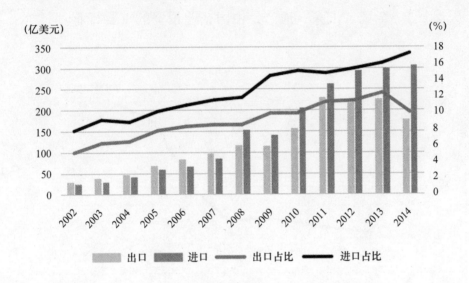

图 2 - 4　印尼对中国的出口与进口（2002—2014 年）

资料来源：印尼统计局。

表 2 - 2	中国与印尼的合作
	事件
两国关系	2005 年，建立战略伙伴关系
	2014 年，两国建立全面战略伙伴关系
两国协议	2009 年，两国央行签署总额为 1000 亿元人民币的双边本币互换协议
	2013 年，两国签署经贸合作 5 年发展规划，续签双边本币互换协议
其他	签署有投资保护、海运、避免双重征税等协定

　　中国和印尼之间的相互投资发展迅速。中国对印尼的投资在 2010 年后快速增长，2014 年中国对印尼非金融类直接投资达 12.7 亿美元，同比下降 18.6%；截至 2014 年年底，中国对印尼累计非金融类直接投资存量达 67.9 亿美元（图 2 - 5）。目前在印

尼开展投资经营活动的中资企业（机构）已超过 1000 家，经营范围涵盖能源、矿产、交通运输、通信、家电、机械、化工、金融、保险、农业、渔业等诸多领域。其中，能源（主要是煤炭、天然气）、金属、汽车、地产是中国企业投资的重要行业。

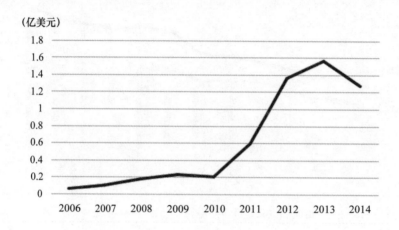

图 2-5 中国对印尼直接投资（2006—2014 年）

资料来源：中国对外直接投资统计公报。

印尼在基础设施建设方面需求大，基础设施较差是制约印尼经济增长的瓶颈之一。中国对印尼已经有几个金额较大的基础设施投资项目（如表 2-3 所示），另外雅加达至万隆高铁项目、中国交通建设与印尼港口公司对印尼东部地区 30 个港口升级改造项目仍然在商谈中。

表 2-3 中国对印尼基础设施投资

时间	中国投资方	印尼被投资方	项目简介	金额
2010	中国铁建股份有限公司	Bhakta Hill Pan Pacific Railway	建设和维修管理苏南省长达 188 公里铁道线的长期工程	327.59 亿元人民币（折合 48 亿美元）

续表

时间	中国投资方	印尼被投资方	项目简介	金额
2013	中国港湾工程有限责任公司	PT Daya Bumin-do	在中加里曼丹省的 Murung Raya 修建公路和一个港口	11 亿美元
2013	中国交通建设集团	Jakarta Monorail	在雅加达开发首个高架单轨铁路交通系统	15 亿美元
2013	中国机械进出口（集团）有限公司	PT Sarana Infrastructur Indonesia	在西爪哇省（West Java）省会万隆（Bandung）铺设单轨铁路	18 亿美元

资料来源：媒体整理。

印尼在农渔业、能源、矿产等领域具备比较优势，这些完全能与中国实现优势互补，将为两国经贸合作发展创造更多机遇。印尼国内消费市场庞大，汽车、家电、服装、食品、医药等市场快速发展，也会给中国企业带来较大的投资机会。

此外，两国在工程承包和劳务合作领域也获得快速发展，据中国商务部统计，2014 年中国企业在印尼新签承包合同 648 份，新签合同额 51.88 亿美元，完成营业额 45.84 亿美元；当年派出各类劳务人员 1.6 万人，年末在印度尼西亚劳务人员 1.63 万人。

2015 年 4 月 22 日《中华人民共和国与印度尼西亚共和国联合新闻公报》中指出两国元首一致认为，深化中印尼全面战略伙伴关系符合双方共同利益。双方将加快制定《全面战略伙伴关系未来五年行动计划》，推动两国关系继续向更广领域和更深层次发展。两国元首重申将全面对接中方建设"21 世纪海上丝绸之路"战略构想和印尼方"全球海洋支点"发展规划，加强政策协调、务实合作和文明互鉴，打造共同发展、共享繁荣的"海洋发展伙伴"。

三　存在的问题与风险

（一）"一带一路"倡议的目的与内涵不清晰

我国于 2015 年发布了"一带一路"建设的愿景与行动文件，但在调研中可以发现，印度尼西亚虽然对于"一带一路"倡议予以高度关注，但并不清楚这一倡议的目的、具体内容与实施路径。印尼专家表示他们不知道中国提出"一带一路"要做什么以及打算如何做，也不明确"一带一路"倡议对印尼而言能带来哪些好处。"一带一路"与现有地区合作机制和倡议、亚洲基础设施投资银行的关系也很模糊。

（二）"一带一路"倡议的规划与印度尼西亚的需求衔接不够

在调研中，印尼专家表示当前印尼亟待发展的是港口、电力等领域而不是高铁。因此，中国"一带一路"倡议的规划与项目并非是印尼急需发展的领域，与印尼实际的迫切需求相脱节。

（三）南海问题阻碍"一带一路"倡议的推进

在南海问题上，印尼虽然与我国不存在岛礁主权矛盾，然而在海洋划界问题上依然存在一些分歧，目前印尼仍然坚持将我国所属的南海西南海域的一部分划为其"纳土纳海"范畴。调研中，印尼专家表示因为南海问题的存在，印尼会不可避免地将"一带一路"倡议与南海问题相联系。从印尼的角度来看，印尼并不希望中国与美国在印尼门口角力，希望中国能够尽快解决南海问题，并且对于中国不应诉菲律宾南海仲裁案表示不理解。

（四）基础设施方面的问题

基础设施建设是中国与印尼经贸合作的重大机遇，但也面临一些挑战。例如中国与印尼之间的经常账户逆差日益扩大，印尼对于来自中国的投资不太清楚，有些投资来自中国，有些投资是通过新加坡到印尼的投资。对于印尼政府来说，不好直接推广或促进来自中国的投资。有时印尼人民并不知道投资是来自中国的，例如一些基础设施投资。许多印尼企业家将中国视为竞争对手，因为中国的价格优势。

（五）印尼的政策法律欠缺稳定性

目前印尼的投资环境存在投资政策不稳定、法律重叠和不明确等问题。例如 2009 年 1 月印尼实施了新《矿产和煤炭法》，随后与之配套的各矿业实施细则亦不断出台。2012 年 2 月 6 日，能矿部发布部长规定，印尼政府于 5 月开始施行关于提炼和加工原矿石活动而提高矿产品出口值的能源矿务部长第 7 号条例，对 65 种矿产品加征 20% 出口税并实行了其他限制措施，并再次明确在 2014 年禁止原矿出口，这对已经投资和意图投资印尼矿业的企业及印尼矿石贸易带来很大震动。矿石必须在国内加工的法律要求，森林施工许可申请费用太高且耗时过长，以及许可证申请程序混乱等严重影响了印度尼西亚投资环境。

此外，20 世纪 1965 年至 1967 年、1974 年、1978 年、1980 年以及 1980 年代都曾出现过排华事件，最近的一次大规模排华事件发生在 1998 年，造成了上千名华人丧生。[①] 中国赴印尼投资

---

① 黄日涵、梅超：《一带一路投资政治风险研究之印度尼西亚》，http: //opinion. china. com. cn/opinion_ 64_ 124264. html。

还存在发生"排华事件"的潜在政治风险。

四　政策建议

（一）进一步细化"一带一路"倡议的具体内容

"一带一路"建设秉持的是共商、共建、共享原则，不是封闭的，而是开放包容的；不是中国一家的独奏，而是沿线国家的合唱；"一带一路"建设不是要替代现有地区合作机制和倡议，而是要在已有基础上，推动沿线国家实现发展战略相互对接、优势互补。因此中国应在"一带一路"建设的愿景与行动文件基础上，进一步细化"一带一路"倡议的具体内容，明确说明中国的计划是什么以及准备如何实施，从而既消除印度尼西亚对于中国实施"一带一路"目的的顾虑，也可以明晰"一带一路"倡议对于印度尼西亚的发展可能带来的潜在机遇。在这方面，建议相关政府主管部门应在与印度尼西亚进行深入地沟通与交流后，推出两国共建 21 世纪海上丝绸之路的共同规划、措施与项目。

（二）借助推进"一带一路"建设之机，妥善解决南海问题

21 世纪海上丝绸之路建设，既有利于加强地区经济的相互连通，更对东亚地区广泛合作的地缘环境非常有益。"一带一路"倡议的最终落实，需要中国妥善解决南海问题。与此同时，中国也可借助推进"一带一路"建设之机，通过与印度尼西亚不断深入的经济合作加深沟通与了解，寻求妥善解决南海问题的路径。中国应通过智库等机构积极在国外宣传中国不应诉菲律宾南海仲裁案的理由，揭示南海仲裁案的深度背景，例如菲律宾提起仲裁的法律团队主要是美国人，第一笔诉讼费是美国人支付的等情况。

（三）基础设施投资应与当地企业合作推进

2015 年 4 月的《中华人民共和国与印度尼西亚共和国联合新

闻公报》显示，中方重申将积极参与印尼铁路、公路、港口、码头、水坝、机场、桥梁等基础设施和互联互通建设，并愿意通过多种方式对相关项目提供融资支持。双方承诺积极落实《中印尼经贸合作五年发展规划》，尽快签署优先项目清单。基础设施项目一般工期长、所需资金数目大，中国赴印尼的基础设施投资应与印尼当地企业或其他国家的企业合作推进，同时在资金方面应争取国际金融机构支持，从而降低项目风险，缓解资金压力，为项目顺利进行提供保障。

（四）重签投资保护协定，保护赴印尼投资企业利益

双边投资协定是现今国际上最重要的海外投资保护工具之一。双边投资协定是资本输出国与资本输入国之间签订的以保护和促进国际投资与维护健康的投资环境为目的的专门性投资条约。一般通过较宽泛的投资定义、给予缔约对方投资者国民待遇、最惠国待遇和公正与公平待遇、征收或国有化的条件和补偿标准、外汇转移、解决投资争端的程序等规定为投资者在东道国的投资提供法律保护。中国与印尼在 1994 年签署了《促进和保护投资协定》。但由于这一协定签署于 20 世纪 90 年代初期，当时我国还未提出"走出去"战略，其内容主要从资本输入国的视角出发，强调保护东道国对外资的管辖权。目前，印尼由于要重新制定双边投资协定范本，已单方发出终止与我国的双边投资协定。我国应借此之机重新与印尼开展双边投资协定谈判，与印尼缔结兼顾资本输入国和输出国两方面利益的更为平衡的双边投资协定，为中国企业在印尼投资的资产利益提供法律保障。

（五）引导企业遵守当地法律，承担社会责任

政府相关部门应对赴印尼投资的企业提供当地相关法律的最新信息，及时引导与鼓励在印尼开展贸易投资活动的中国企业，

　　尊重当地的法律法规和社会习俗，必要时雇请当地律师。鼓励中资企业积极承担社会责任，加强与当地民众的交流，充分利用印尼的华侨华人优势，构筑良好的外部发展环境。

第六章　新加坡调研分报告[*]

一　新加坡融入"一带一路"　倡议建设的主要优势

东南亚地区是"一带一路"的重要组成区域，而新加坡是东南亚地区经济最发达的国家。新加坡凭借其发达的投融资服务市场、健全的法律体系、完善的基础设施、成熟的金融系统、稳定的政治社会环境、亚洲最大的商品和石油贸易枢纽、亚太市场的重要连接点等特征，在"一带一路"政策所辐射的 64 个国家中，具有显著优势。

（一）区位优势与良好的基础设施

新加坡地处马六甲海峡，拥有天然深水避风海港，位于海上交通咽喉要道，被誉为"东方的十字路口"，是全球著名的转口贸易中心。新加坡作为古代海上丝绸之路重要的中转站和补给基地，历史可以追溯到 18 世纪，也可以成为 21 世纪海上丝绸之路的中转、补给和维修中心。

新加坡基础设施完善，拥有全球最繁忙的集装箱码头、服务

　＊　调研时间：2015 年 11 月 12—14 日，课题组成员赴新加坡国立大学、新加坡政府投资公司（GIC）进行调研，上述单位、机构的研究人员与资深投资者出席本次调研活动。

最优质的机场、亚洲最广泛的宽频互联网体系和通信网络等。中国企业可以将新加坡作为基地，并善用当地的环球资源网络，与其他国家和地区的企业建立双赢的合作伙伴关系。

（二）国际金融中心

新加坡是全球著名的国际金融中心，是全球资本的重要集散地之一，也是世界第二大人民币离岸清算中心，企业融资渠道多样。国际金融中心是指能够汇聚世界各地金融机构，以进行国际资金融通活动的地方。新加坡国际金融中心的竞争力是由多种因素构建的，包括法律制度、人力资源、稳健的监管制度、高效廉洁的政府，高效率的会计和其他支援服务。新加坡拥有稳健、透明、监管完善的资本市场。这都将有利于新加坡在"一带一路"相关的融资活动中扮演重要的角色，通过作为重要的股权和债务资本募集与分配中心，促进东南亚等新海上丝绸之路国家和地区的投资活动。

（三）良好的商业环境

新加坡政府廉洁高效，腐败率极低，为外来投资提供快捷高效的服务和相对公平的投资环境。新加坡内外资待遇一致，其法律一般同时适用于国内外投资者。外国投资者也不需要合资或向内资方让渡管理控制权的方式进行投资。新加坡推出多种促进经济发展优惠政策，且外资企业基本上可以和本土企业一样享受。新加坡商业网络广泛，产业结构优化程度高，所覆盖的产业类型丰富，可投资的范围广。

（四）法律服务和制度环境

新加坡法律体系成熟完善，且有比较完备的申诉体系，为投资者提供了法制保障。新加坡和其他国家和地区签署了超过70份经济、贸易、税务协定，是跨国企业和金融机构设立区域总部的理想地点。新加坡社会稳定，治安良好，是世界上犯罪率最低的国家之一，社会政治环境稳定。

二　新加坡对于"一带一路"倡议的诉求

新加坡期望参与"一带一路"的项目投资，发挥自身已有优势，进一步提升其在东盟地区金融、贸易和物流服务等领域的市场地位。

（一）第三方合作

第三方合作是指中国与新加坡一起开发作为第三方的发展中国家市场。新加坡在发展中国家建立工业园区方面具有丰富的经验和成熟的模式。从 20 世纪 90 年代初开始，新加坡便开始在印度尼西亚、越南、中国、印度等国家建立海外工业园区。海外工业园区不仅帮助新加坡实现了本土劳动、资本密集型产业的转型和升级，而且由于在东道国园区内营造出类似新加坡的适宜外商投资的商业环境，从而增强了东道国吸引外资的能力，颇受东道国的欢迎。

与新加坡开展第三方合作有利于降低我国企业"走出去"遭遇的投资阻力。当前，中国企业尤其是国有企业在海外投资频频遭遇阻力，而威胁国家安全成为主要理由。一个关键的原因是中国作为新兴的大国，外界对其具有天然的不了解和不信任感；而以国有企业为主体的中国海外投资者结构进一步增加了东道国对国家安全问题的疑虑。因为国有企业常常被外界认为是中国政府的代理，其进行海外投资被怀疑具有政治目的。要是中国能与新加坡等发达经济体合作开发第三国市场，不仅有利于投资项目的顺利推进，而且有助于提高中国形象。

（二）航运和物流

新加坡位于东南亚的中心位置，地处马六甲海峡的出入口，优越的地理位置使其发展成为亚太地区重要的港口以及物流中心。例如，新加坡港是世界最繁忙的三大货柜港口之一，拥有约200条航线，连接120多个国家约600个港口。根据国家金融信息中心指数研究院联合波罗的海交易所联合发布的国际航运中心发展指数报告，全球十大国际航运中心亚太占六席，其中新加坡排第一。

在"一带一路"《愿景与行动》中，中国政府表达了"沿线国家宜加强基础设施建设规划、技术标准体系的对接"，"逐步形成连接亚洲各次区域以及亚欧非之间的基础设施网络"的愿望。新加坡希望在航运和物流方面与中国投资者合作，推进产业发展，在"一带一路"背景下迎来新的发展机遇。

（三）金融业

新加坡是全球领先的金融中心，发挥着金融枢纽的重要作用，拥有一个发展成熟、规则完善、管理透明的资本市场，并在银行、金融服务、基金投资管理和私募股权等领域拥有专业的服务能力。"一带一路"为金融行业以及配套的专业服务行业提供了广阔的商机，新加坡期望在"一带一路"相关的融资活动中扮演重要的角色，通过作为重要的股权和债务资本募集与分配中心，促进东南亚等新海上丝绸之路国家和地区的投资活动。

此外，"一带一路"将推动人民币在全球的使用，加快人民币国际化的步伐。而离岸人民币债券市场的发展就可以起到配合沿线国家和地区融资需求的作用。这也是新加坡可以施展所长的一个领域。新加坡已经成为重要的离岸人民币市场。根据新加坡人民币清算行的统计，截至2014年末，累计人民币清算量已超过40万亿元，各参加行开立人民币清算账户90个，服务范围覆盖38个国家和地区。新加坡人民币存款和各类投资产品也日益丰富，人民币债券市场迅速起步，2014年"狮城债"的发行额达到127亿元。

三　新加坡对于"一带一路"倡议的疑虑

（一）"一带一路"存在主体错位和缺失的现象

新加坡的学者认为中国各级政府非常重视"一带一路"倡议。例如，据不完全统计，中国国内已有不少于30个城市宣布自己为"一带一路"的起点，"核心区""桥头堡""枢纽""黄金段""自贸区"等概念纷纷出笼。中国各省都希望争取政策、抓资源、占先机，为其带来发展新机遇和增长新动力

然而，政府毕竟不是主角，"一带一路"走出去也不是政府走出去。企业才应该是真正的主体。如果很多细节都由政府来做，会引起东道国当地更多的疑虑。"一带一路"应该是政府搭台、企业唱戏。政府通过对外合作与投资，建设基础设施，最终的目标还是为了企业"走出去"，承担起继续建设"一带一路"的重任。但目前政府很高调，企业跟进却有限，出现了主体错位和缺失的现象。这一现象的客观原因是，部分国有企业因为反腐原因处于不太作为的状态，而民营企业的主要顾虑是投资风险。

（二）潜在高昂的运营成本让企业望而却步

企业的"戏"能否唱好也与政府的"台"搭得好不好密切相关，其中基础设施是关键。基础设施是"一带一路"落地运营的先导，也是沿线地区能否发挥后发优势，取得经济进一步发展的关键。然而，基础设施具有投资规模大、回收周期长、回报率低的特点，而其具有较大的社会效益，意味着基础设施的建设和投入应以政府投入为主。因为一般企业既没有能力，也没有动力，参与社会溢出效应巨大的基础设施建设与运营。即便民间资金参与，也需要政府提供补贴。政府如果不能承担基础设施建设的重任，而指望民间资金大量进入，长久以后会形成瓶颈，制约"一

带一路"倡议的推进。

（三）"一带一路"缺乏明确的内容和范围

新加坡的学者普遍反映，目前"一带一路"声势很大，但概念过于宽泛。各种活动（文化、会展、表演等）都被冠上"一带一路"的帽子，这看似热闹，实际上让东南亚国家人民感到很困扰，不知道到底要做什么。中国提出的相关合作项目（例如中国—东盟海上合作基金等）仍然缺乏详细和具体的方案，相关信息并不透明。

（四）"一带一路"中国家层面跨部门协调力度不够

新加坡的学者反映，他们经常接待来自中国的不同机构和部门，都宣称自己是"一带一路"的主要牵头单位，让他们感到很困惑。跨部门的协调与合作是一国对外战略有效贯彻的重要一环，需要相关部门吃透精神、领会方针、切实贯彻和有效协调。然而，不同部门对于新的倡议有不同的解读、期待和利益诉求，政府跨部门的协调合作是一个现实的困难。虽然"一带一路"现有的跨部门协调机制有部际联席会议，但各方面反映，这一机制并没有发挥设计时的预期效果。

（五）南海局势紧张升级可能加剧中国政府推进海上丝绸之路的难度

新加坡学者指出，尽管与越南和菲律宾相比，新加坡与中国在南海问题上的冲突没那么大，但南海局势的紧张将成为阻碍中国—东盟共建"一路"的重大障碍，未来中国政府解决南海争端的方式方法，的确会对中国与东盟国家的经贸往来产生持久而深远的影响，也会决定东盟国家在多大程度上投入美国的"怀抱"。新加坡学者也希望"一带一路"不要给现在复杂的南海局势带来更多潜在的冲突。

（六）中国企业的参与能力堪忧

"一带一路"要求中国企业加快"走出去"步伐，增强国际化投资和经营能力。但目前中国企业管理层在作出"走出去"决策前，缺乏耐心，部分存在急功近利，为了"走出去"而走出去的问题。部分中国企业还没有问清规则就踏上了"一带一路"，结果是，签约容易获益难，而且诉讼难、撤资难。

这一现象与中国企业缺乏"走出去"核心竞争力有关。在缺乏国际品牌以及核心技术和产品的情况下，中国一些企业寄希望于通过海外兼并收购来获得战略性资产。然而，由于缺乏国家化经验和人才，规避风险的能力较差，争端解决的手段不足，盲目"走出去"后，很难"走下去"和"走进去"。此外，中资机构之间缺乏合作和抱团出海，导致内耗情况时有发生。

四　政策建议

（一）理清不同项目的不同性质让主体"复位"

为了让主体"复位"，需要厘清不同项目的不同性质，协调好政府、国有企业、民营企业和国外企业的关系。有新加坡的投资者反映，像长期基础设施建设这类投资，如果要引入私人资本，需要有超主权的机构进行协调和规范运作。

（二）明确"一带一路"的内容和范围

新加坡的学者与金融人士建议，最好能够将"一带一路"的内容明确界定为经贸、金融、基础设施、第三方开发等经济领域。这样既有助于沿线国家更好地理解中国政府的意图，又能够打消前者的其他方面疑虑。他们同时建议，即使"一带一路"要囊括文化和社会领域，也应该进行分类，形成一个类别清晰、包含具体地带和重点行业的项目清单。

在出台这个项目清单之前，中国政府应该与沿线国家进行充分的沟通与协调，避免出现一厢情愿的状况。此外，"一带一路"的行动方案也应该考虑与沿线国家的发展战略相互对接相互促进，比如越南的两廊一圈、美国"新丝绸之路"计划、俄罗斯"欧亚经济联盟"、上海合作组织框架下多边经济合作、亚洲银行牵头的中亚区域经济合作计划、欧洲—中亚交通与能源倡议等。

"一带一路"倡议不是对其他相关倡议进行排斥、挤压和替代，而是以自愿为基础，不强求以双边或多边条约为基础。中国应一方面不回避分歧和竞争，另一方面寻求与"一带一路"沿线国家的利益契合点和合作面。最后，中国政府应该对一带一路的推进状况进行定期评估，客观透明的披露进度。

（三）在南海区域形成各方均能接受的良好行为准则

新加坡学者建议，在主权问题存在争议的前提下，最好能够在南海区域形成各方均能接受的良好行为准则，以避免因南海问题擦枪走火，甚至显著恶化。而推进南海合作是增强中国与东盟国家互信互惠，降低"一带一路"建设障碍的重要途径。中国应在中国—东盟"2＋7"、中国—东盟海上合作基金、亚投行等现有框架下，让相关合作项目和倡议及早落地，从而为夯实与东南亚国家尤其是南海争端国的利益交汇点，打下基础。

第三部分 "一带一路"其他
相关研究

第七章 "一带一路"与世界经济增长[*]
——基础设施投资的视角

一 引言

自 2007 年至 2008 年的全球金融危机爆发以来，世界经济增长进入了动荡、分化与停滞的新格局。尽管危机已经过去了七年的时间，但世界经济增长依然显著落后于危机前的水平。无论对发达国家还是对新兴市场与发展中国家而言，长期性停滞的风险都在加剧。

在 2013 年，中国政府提出了"一带一路"的倡议。中国政府提出"一带一路"倡议的国内背景包括亟待实现经济增长模式的转型、亟待提高外汇储备的投资回报率、亟待应对制造业部门的严重产能过剩等。而该倡议提出的国际背景则是世界经济自全球金融危机爆发后未能持续复苏、很多国家亟待提振本国投资率但面临较大融资缺口等。事实上，自提出一带一路倡议以来，中国政府还主导构建了亚洲基础设施投资银行、丝路基金、新开发银行等全新的多边投融资机构。

那么，在"一带一路"倡议与世界经济增长之间究竟有何关联呢？本章试图从基础设施投资这一视角来论证"一带一路"倡议的有效实施有望显著推动世界经济增长。故事的主要逻辑如下：全球范围内存在着对基础设施投资的广泛需求，而扩大基础

---

[*] 本章作者：张明，经济学博士，中国社会科学院世界经济与政治研究所研究员，研究领域为国际金融与宏观经济。

设施投资是世界经济摆脱长期性停滞的重要手段。在新兴市场与发展中国家内部，存在基础设施投资的巨大资金缺口，仅靠国家自身、金融市场以及现有多边开发性机构是无法满足这一需求的。而中国政府实施的"一带一路"倡议，有望显著地改善沿线国家基础设施投资的资金缺口，从而通过促进这一区域的基础设施投资来提振区域乃至世界经济增长。

本章的结构安排如下：第二部分概览全球金融危机之后的世界经济增长新格局；第三部分分析长期性停滞的风险以及基础设施投资对于摆脱长期性停滞的重要性；第四部分简述亚洲地区基础设施投资面临的巨大资金缺口；第五部分研究"一带一路"倡议与沿线国家基础设施投资的关系；第六部分为结论。

二　全球金融危机之后的世界经济增长新格局

全球金融危机的爆发深刻地改变了世界经济增长的格局。如表 3 - 1 所示，在 2000 年至 2007 年期间，世界经济的年均 GDP 增速达到 4.5%，显著高于 1980 年代与 1990 年代的水平。然而，在全球金融危机爆发后，世界经济在 2008 年至 2014 年期间的年均增速显著下降至 3.3%。如果分组别比较，可以看出，发达经济体在全球金融危机爆发后的 GDP 年均增速下降更为明显（由 2.7%下降至 0.9%），而新兴市场与发展中经济体的下滑较为温和（由 6.6%下降至 5.3%）。

表 3 - 1　　　　全球以及各种类型经济体的平均 GDP 增速　　（单位:%）

年份	全球	发达经济体	新兴市场与发展中经济体	发展中亚洲	中东北非	拉丁美洲
1980—1989	3.2	3.1	3.5	6.6	1.4	2.1

续表

年份	全球	发达经济体	新兴市场与发展中经济体	发展中亚洲	中东北非	拉丁美洲
1990—1999	3.1	2.7	3.7	7.1	4.4	2.9
2000—2007	4.5	2.7	6.6	8.3	5.9	3.6
2008—2014	3.3	0.9	5.3	7.5	3.8	3.0

资料来源：IMF WEO，作者的计算。

　　更重要的是，尽管距离美国次贷危机的爆发已经过去了七八年时间，但世界经济依然没有恢复到危机爆发前的较快增速。如图 3-1 所示，在美国次贷危机爆发后，全球经济增速在 2009 年一度下跌至零增长水平，但在全球集体性宽松宏观政策刺激下，全球经济增速在 2010 年迅速反弹至 5.4%。遗憾的是，好景不长，全球经济增速从 2011 年开始节节下滑，在 2012 年至 2014 年这三年间，全球经济每年增速均仅在 3.4% 左右，并未呈现出持续复苏的势头。

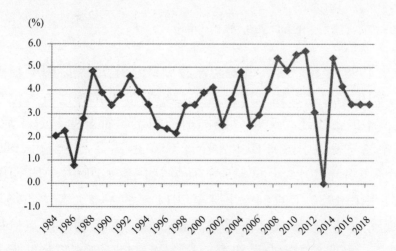

图 3-1　全球年度 GDP 增速（1984—2018 年）

资料来源：IMF WEO。

注：本数据为基于不变价格的年度同比增速。

如图 3 - 2 所示，在截至 2014 年的最近 5 年内，新兴市场与发展中经济体的年度 GDP 增速呈现不断下滑之势，已经由 2010 年的 7.4% 下滑至 2014 年的 4.6%。与之相比，发达经济体的年度 GDP 增速尽管在 2011 年与 2012 年下滑，但在 2013 年与 2014 年已经开始反弹。

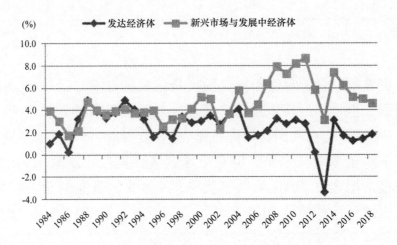

图 3 - 2　发达经济体和新兴与发展中经济体 GDP 增速之比较
（1984—2018 年）

资料来源：IMF WEO。

注：本数据为基于不变价格的年度同比增速。

从 1999 年起，新兴市场与发展中经济体的年度 GDP 增速已经连续 16 年超过发达国家。这一趋势的结果是，前者无论在世界经济中的占比还是对世界经济增长的贡献都显著超过了后者。新兴市场与发展中国家 GDP 占全球 GDP 的比重，已经由 1980 年的 36% 上升至 2014 年的 57%，而发达国家 GDP 占全球 GDP 的比重，则由 1980 年的 64% 下降至 2014 年的 43%。新兴市场与发展中经济体在全球 GDP 占比方面超过发达国家的时间点恰好是 2008 年，也即美国次贷危机全面爆发这一年。新兴市场与发展中国家经济增长对全球经济增长的贡献，更是由 1981 年的 38% 上升至 2014 年的 70%，而发达国家的相应贡献则由 1981 年的 62%

下降至 2014 年的 30%。新兴市场与发展中国家在对世界经济的贡献方面超过发达国家则是从 2001 年开始的。①

　　在新兴市场与发展中经济体内部，增长格局也在发生变化。如表 3－1 所示，无论在 1980 年代、1990 年代还是 2000 年代至今，发展中亚洲国家的平均 GDP 增速均显著高于拉美国家与中东北非国家，而在 1990 年代与 2000 年代至今，中东北非国家的平均 GDP 增速又高于拉美国家。由此造成的结果，是发展中亚洲国家的经济地位显著上升，而拉美国家的经济地位显著下降。发展中亚洲国家 GDP 占新兴市场与发展中国家 GDP 的比重，已经由 1980 年的 25% 上升至 2014 年的 52%，而拉美国家的该项指标由 1980 年的 34% 下降至 2014 年的 15%，中东北非国家的该项指标则由 1980 年的 20% 下降至 2014 年的 12%。上述格局变动在增长拉动的层面更为明显。例如，在 2014 年，发展中亚洲经济增长对新兴市场与发展中国家经济增长的拉动高达 70%，而中东北非国家与拉美国家的相应拉动仅为 8% 与 7%。②

　　除增长格局的分化外，全球金融危机后世界经济增长的另一重要特征是停滞。如前所述，尽管距离美国次贷危机已经有七八年时间，但世界经济仍未恢复至危机前的增长水平。更重要的是，世界经济近年来的增长乏力总是超出了预期。如表 3－2 所示，在 2008 年至 2014 年这七年间，有六年时间（除 2010 年外）IMF 对全球经济、发达经济体、新兴市场与发展中经济体经济增速的滚动预期总是高于实际值。这说明 IMF 持续高估了全球金融危机后世界经济的复苏势头。作为持续高估的后果，是世界经济真实水平距离 IMF 预期水平的差距越来越大。如图 3－3 所示，持续高估复苏势头的结果，使得 2014 年的全球真实 GDP 水平要比预期 GDP 水平低了 5%。

---

　　① 笔者根据 IMF 世界经济展望的数据计算，该数据是基于购买力平价计算的 GDP。
　　② 同上。

表 3 - 2　　　　　IMF 对经济增长的预测持续高估了经济增长状况　　　（单位:%）

		2008	2009	2010	2011	2012	2013	2014
全球经济	预测值	4.9	3.8	1.9	4.3	4.5	4.1	4.0
	实际值	3.0	-0.5	5.3	4.0	3.2	3.4	3.4
发达经济体	预测值	2.7	1.3	0.0	2.4	2.6	2.0	2.2
	实际值	0.5	-3.4	3.2	1.6	1.4	1.4	1.8
新兴市场与发展中经济体	预测值	7.1	6.6	4.0	6.5	6.5	6.0	5.7
	实际值	6.1	2.7	7.5	6.4	5.0	5.0	4.6

资料来源：IMF WEO，作者的计算。

注：笔者根据 IMF 各年 4 月全球经济展望的预测数与实际数整理。

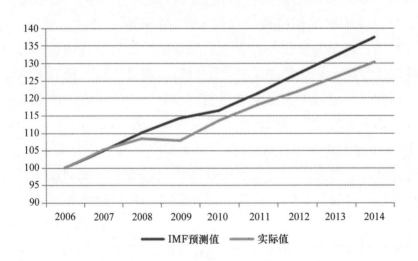

图 3 - 3　长期性停滞：全球经济

资料来源：IMF WEO，作者的计算。

注：本指标为假定 2006 年为基期的 GDP 水平指数，假定 2006 年为 100。预测值根据 IMF WEO 的滚动预测计算，实际值根据 IMF WEO 的实际值计算。

三　长期性停滞风险以及基础设施
投资的重要性

针对全球经济——尤其是发达经济体——这种增长停滞的局面，美国经济学家萨默斯提出了长期性停滞（Secular Stagnation）的概念。所谓长期性停滞，是指在通胀率极低甚至为负的前提下，由于名义利率面临零利率下限（Zero Lower Bound，ZLB）的限制，导致实际利率不能下降至足够程度以刺激投资并实现充分就业的状况[1]。换言之，长期性停滞是指，为了使一国储蓄率等于充分就业状态下的投资率，需要实际利率为负。而由于低通胀与名义利率零下限的存在，实际利率很难降至低于零的水平，因此在这种状况下无法实现充分就业[2]。萨默斯担忧，无论发达经济体还是全球经济目前都面临着长期性停滞的现实威胁。

克鲁格曼指出，美国国内的实际利率在1980年代平均为5%，在1990年代平均为2%，在2000年代平均为1%，在雷曼兄弟破产后至今平均为-1%。导致实际利率为负的可能原因有三：一是储蓄率上升导致可贷资金供给上升；二是投资意愿下降造成可贷资金需求下降；三是投资者避险情绪上升造成对安全资产的相对需求增加，而对安全资产的过度需求已经将无风险利率压低至历史最低水平[3]。此外，实际利率持续为负可能损害金融

---

① Summers, Laurence. "Why Stagnation May Prove To Be The New Normal," *The Financial Times*, December 15, 2013.

② Teulings, Coen and Baldwin, Richard. "Introduction", *Secular Stagnation: Facts, Causes and Cures*, Edited by Coen Teulings and Richard Baldwin, CEPR Press and a VoxEU. org Book, 2014.

③ Krugman, Paul. "Four Observations on Secular Stagnation", *Secular Stagnation: Facts, Causes and Cures*, Edited by Coen Teulings and Richard Baldwin, CEPR Press and a VoxEU. org Book, 2014.

稳定性：第一，负利率会刺激投资者的风险承担（Risk Taking）行为；第二，负利率会刺激不负责任的借贷；第三，负利率使得庞氏游戏更具吸引力①。基于上述认识，萨默斯给出了长期性停滞的另一定义：即使利率低得容易触发资产价格泡沫，但投资性需求依然不足以吸收居民与企业的储蓄②。

　　长期性停滞的存在意味着经济体的产出缺口持续存在，相应的衰退或萧条则会旷日持久。而要摆脱长期性停滞，传统的宏观经济政策工具却未必有效。首先，从货币政策来看，降息受到零利率下限的掣肘。要进一步降低实际利率，或者需要央行通过非常规货币政策（例如量化宽松）向市场注入流动性，或者需要通过提高通胀目标等方式来提振通货膨胀预期；其次，从财政政策来看，短期财政刺激政策的效力并不足以摆脱长期性停滞，一国可能需要在较长时期内持续实施扩张性财政政策，而这又会受到公共债务水平的束缚③；再次，通过结构性改革提高全要素生产率是摆脱长期性停滞的关键，具体措施包括改革教育体系、提高劳动力市场弹性、简化新建企业审核流程、实施反垄断政策等，但结构性改革的实施通常会面临国内既得利益集团的阻碍。

　　除上述政策建议外，几乎所有研究长期性停滞的学者都认为，增加基础设施投资的力度是帮助一国摆脱长期性停滞的最重要举措之一。例如，萨默斯建议，要走出长期性停滞，美国政府

　　① Teulings, Coen and Baldwin, Richard. "Introduction", *Secular Stagnation: Facts, Causes and Cures*, Edited by Coen Teulings and Richard Baldwin, CEPR Press and a VoxEU. org Book, 2014.

　　② Summers, Laurence. "Why Stagnation May Prove To Be The New Normal," *The Financial Times*, December 15, 2013.

　　③ Krugman, Paul. "Four Observations on Secular Stagnation", *Secular Stagnation: Facts, Causes and Cures*, Edited by Coen Teulings and Richard Baldwin, CEPR Press and a VoxEU. org Book, 2014.

最重要的一步，就是发起一个协调一致的、大规模地更新国家基础设施的计划①。再如，Teulings 与 Baldwin② 认为，由于储蓄行为的变化是缓慢的，因此提高投资率是摆脱零利率下限的重要方式。这是因为，基础设施投资既能提振短期的需求，又能改善长期的供给。增加基础设施投资的力度又是提高投资率的首选。

对世界经济增长而言，扩大基础设施投资已经成为当务之急，后者的重要性主要体现在：

第一，扩大基础设施投资有助于改善短中长期的经济增长。如前所述，基础设施投资在短期内有助于扩大总需求，而在中长期有助于改善总供给，因此能够在不同阶段内促进经济增长。例如，Canning 与 Pedroni③ 通过对 1950 年至 1992 年期间若干国家的面板回归分析，发现在绝大多数案例中，基础设施投资的确能够促进长期经济增长。又如，German – Soto 与 Bustillos④ 基于对 1985 年至 2008 年期间墨西哥主要城市区域的定量研究表明，基础设施投资对于城市地区的经济增长具有显著且持久的影响，而基础设施投资不足将会构成制约经济增长的障碍。然而，通过扩大基础设施来促进经济增长，可能需要一定的前提条件。Esfaha-

---

① Summers, Laurence. "Why Stagnation May Prove To Be The New Normal," *The Financial Times*, December 15, 2013.

② Teulings, Coen and Baldwin, Richard. "Introduction", *Secular Stagnation: Facts, Causes and Cures*, Edited by Coen Teulings and Richard Baldwin, CEPR Press and a VoxEU. org Book, 2014.

③ Canning, David and Pedroni, Peter. "The Effect of Infrastructure on Long Run Economic Growth", http://web. williams. edu/Economics/wp/pedroniinfrastructure. pdf, 2004.

④ German – Soto, Vicente and Bustillos, Hector A. Barajas. "The Nexus between Infrastructure Investment and Economic Growth in the Mexican Urban Areas", *Modern Economy*, No. 5, 2014, pp. 1208 – 1220.

ni 与 Ramirez① 的研究表明，基础设施投资的确能够显著促进经济增长，但是前提是该国具备足够的制度能力（Institutional Capacity）。因此，为了更加充分地发挥基础设施投资的增长促进功能，一国政府必须实施制度改革与组织改革。此外，不是所有的基础设施项目都值得投资。之所以私人投资对高速公路等运输体系不感兴趣，原因在于，在这类投资项目中，缺乏有效的机制去吸引与偿付私人部门投资②。

第二，扩大基础设施投资有助于激发创新、提高经济增长的效率。很多研究发现，公共部门的基础设施投资能够显著改善私人部门的生产率。例如，基础设施投资能够降低贸易成本，使得一国经济在全球范围内更具竞争力。高质量的基础设施与更广泛的连通度（Connectivity）也会增加供应链管理的效率。③ 又如，设计良好的基础设施投资能够提高经济增长率、生产率与土地价值，而且还能给诸如经济发展、能源效率、公共健康与制造业等带来显著正面的溢出效应。

第三，扩大基础设施投资有助于促进中产阶级的就业，进而增进社会公平。例如，Summers④ 指出，在过去一代人的结构性变化中，在美国社会中受创最深的群体是教育水平有限的男人。这些男人中的很大一部分是在建筑业与基础设施行业工作，因此也将成为增加基础设施投资的主要受益者。此外，基础设施投资还有助于促进代际公平。又如，美国财政部的一项研究指出，对

① Esfahani, Hadi Salehi and Ramirez, Maria Teresa. "Institutions, Infrastructure, and Economic Growth", *Journal of Development Economics*, Vol. 70, 2003, pp. 443 – 477.

② US Treasury and the Council of Economic Advisors. "An Economic Analysis of Infrastructure Investment", October 11, 2010.

③ http：//asiahouse. org/pwc – asia – pacific – region – requires – huge – investment – infrastructure/.

④ Summers, Laurence. "Why Stagnation May Prove To Be The New Normal," *The Financial Times*, December 15, 2013.

交通运输类基础设施的投资能够有效地创造工作机会。在这类投资能够创造的新增工作中，61%来自建筑业、12%来自制造业、7%来自零售贸易行业①。

第四，扩大基础设施投资有助于降低贫困。一方面，基础设施投资能够产生就业、提高居民接触到基本服务与经济机遇的机会、促进贸易与投资、降低做生意的成本，以及鼓励私人部门发展，另一方面，基础设施投资不仅有助于提高收入，而且能够改善收入分配。反过来，生活水平的提高又能够产生新的国内需求，从而提供新的增长动力②。例如，Ali 与 Pernia③ 的研究表明，农村的基础设施投资能够导致更高的农业与非农业生产率、更多的就业与收入机会，从而通过提高中位数收入来降低贫困。有趣的是，在各类基础设施投资中，道路与灌溉设施对减贫的作用要显著高于电力设施。总之，包括基础设施投资选址在内的项目设计对于减贫而言至关重要。

第五，无论对发达国家还是新兴市场与发展中国家而言，国内都普遍存在对新增或更新基础设施投资的巨大需求。例如，就连美国都对基础设施投资存在显著需求。在经济合作与发展组织（OECD）的 32 个成员国中，美国的公众交通基础设施满意度仅排名第 25 位。调研表明，84%的美国人赞成对基础设施领域进行更大规模的投资④。又如，如图 3-4 所示，亚洲新兴市场国家的基础设施质量与 OECD 国家相比存在显著的差距，这意味着亚

① US Treasury and the Council of Economic Advisors. "An Economic Analysis of Infrastructure Investment", October 11, 2010.

② Ibid.

③ Ali, Ifzal and Pernia, Ernesto M. "Infrastructure and Poverty Reduction—What is the Connection", *Economics and Research Department Policy Brief Series*, No. 13, Asian Development Bank, 2003.

④ US Treasury and the Council of Economic Advisors. "An Economic Analysis of Infrastructure Investment", October 11, 2010.

洲国家存在广泛的通过基础设施投资来提振经济增长的空间。

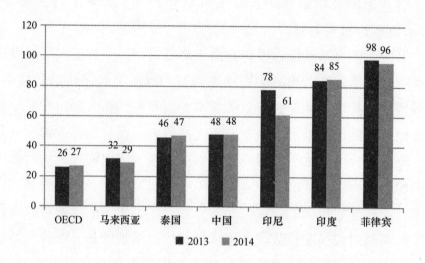

图 3 - 4　亚洲各国的基础设施质量对比

资料来源：www. asifma. org。

注：纵轴为各国在全球竞争力报告中基础设施领域的排名，数字越大表明排名越低。

四　亚洲地区的基础设施投资存在巨大资金缺口

尽管目前全球范围内都对基础设施投资具有旺盛需求，但对新兴市场与发展中经济体而言，由于自身资金匮乏，以至于难以满足基础设施投资的融资需求。根据世界银行的统计，发展中国家的基础设施投资每年需要 1. 5 万亿美元，大大超过私人部门能提供的 1500 亿美元。① 普华永道的估算表明，在 2025 年之前，亚洲太平洋地区需要每年在基础设施领域投入 5. 36 万亿美元，

----

① http：//paper. people. com. cn/gjjrb/html/2014 - 11/24/content _ 1501990. htm.

占全球总量的 60%。① 根据非洲开发银行的估算，非洲的基础设施投资缺口达到每年 500 亿美元。②

相比之下，亚洲地区的基础设施投资缺口更为巨大。根据亚洲开发银行的估计，在 2010 年至 2020 年期间，亚洲在基础设施投资领域需要 8.3 万亿美元的资金，在年度基础设施投资中需要平均 7500 亿美元的资金。③ 在上述资金需求中，68% 的资金将被用于新增基础设施投资，32% 的资金将被用于维护或维修现有基础设施④。分区域来看，东盟的基础设施投资缺口约为 1 万亿美元；⑤ 印度的基础设施投资缺口也约为 1 万亿美元⑥。此外，世界银行的估算表明，南亚地区的基础设施投资缺口在未来 10 年将达到 2.5 万亿美元，其中三分之一用于交通设施、三分之一用于电力设施，剩下三分之一用于水供给与水清洁、固体废物处置、电信设施与灌溉设施。南亚的基础设施缺口对妇女、穷人与边缘群体的负面影响尤其显著⑦。亚洲基础设施投资缺口的行业分布如图 3 - 5 所示，按资金需求从高至低排序依次为能源、交通、电信、水与卫生等。

---

①　http：//asiahouse. org/pwc - asia - pacific - region - require s - huge - investment - infrastructure/.

②　http：//blogs. ft. com/beyond - brics/2015/03/06/guest - post - closing - the - infrastructure - investment - gap - in - africa/.

③　http：//www. adb. org/features/building - investment - opportunities - asia.

④　王丽颖：《亚投行路线图猜想》，《国际金融报》2014 年 11 月 24 日。

⑤　http：//www. rappler. com/business/industries/208 - infrastructure/77514 - jaza - infrastructure - investment - apec - 2015.

⑥　王丽颖：《亚投行路线图猜想》，《国际金融报》2014 年 11 月 24 日。

⑦　Andres，Luis；Biller，Dan and Dappe，Matias Herrera. "Reducing poverty by closing South Asia's infrastructure gap". Washington，DC ；*World Bank Group*，2013.

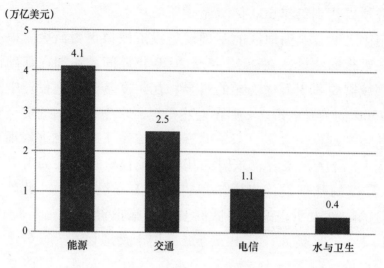

图 3 - 5　亚洲 8 万亿基础设施投资缺口的行业分布

资料来源：www. asifma. org。

　　亚洲地区的基础设施投资之所以存在如此巨大的资金缺口，主要原因在于：第一，本国储蓄率偏低或金融市场不够发达，不能完全依靠国内储蓄为基础设施投资融通资金。例如，麦肯锡的估算表明，中国与马来西亚能够基本上通过国内金融市场为基础设施投资融资，而印尼、越南、泰国和菲律宾等国国内金融市场薄弱，从而必须依赖外部的资金融通；① 第二，亚洲新兴市场国家的财政实力平均而言也比较有限，仅凭公共预算也难以为如此大规模的基础设施投资需求融资。例如，麦肯锡的一项研究指出，在未来 10 年亚洲基础设施投资的 8 万多亿美元资金缺口中，其中至少 1 万亿美元会通过 PPP 的方式向私人投资者开放；② 第三，全球金融危机的爆发降低了亚洲基础设施投资的传统融资来

---

　　① http：//www. mckinsey. com/insights/financial_ services/asias_ 1_ trillion_ infrastructure_ opportunity.

　　② Ibid.

源。亚洲地区的私人部门基础设施融资传统上依赖于国际银行贷款，尤其是来自欧洲银行的贷款。但欧债危机爆发后，欧洲银行明显收缩了在亚洲的相关贷款，从而加剧了该地区的基础设施投资缺口[1]；第四，传统多边开发机构能够为亚洲基础设施提供的融资规模相当有限。目前世界银行的总资金约为2230亿美元，亚洲开发银行的总资金约为1600亿美元。这两家银行每年能够提供给亚洲国家的资金仅为200多亿美元。况且这两家开发银行的贷款还要支持环境保护、男女平等等其他事宜，能够用于基础设施贷款的规模仅为全部资金的50%以下[2]；第五，亚洲地区现有基础设施投资的回报率偏低，并不足以吸引私人投资者大举参与进来。例如，英国的基础设施投资能够产生9%—11%的回报率，而由于管理体制的问题，亚洲地区基础设施投资的风险明显高出许多，且仅能产生11%—12%的回报率。要吸引私人部门参与，亚洲的基础设施投资项目需要显著提高回报率。[3]

五　"一带一路"与基础设施投资

2013年9月与10月，中国国家主席习近平在出访中亚和东南亚国家期间，分别提出了共建"丝绸之路经济带"与"21世纪海上丝绸之路"的倡议，这两项倡议合称为"一带一路"（One Belt One Road，OBOR）。作为合作发展的理念与倡议，"一带一路"的倡议目标是要建立一个包括中国与沿线国家在内的政

---

[1] Yue, Eddie. "Investment in Infrastructure is Crucial to Asia's Growth", Hong Kong Monetary Authority, Statement on the 46th Asian Development Bank Annual Meeting, Delhi, 4 May 2013.

[2] 王丽颖：《亚投行路线图猜想》，《国际金融报》2014年11月24日。

[3] http：//asiahouse.org/pwc‐asia‐pacific‐region‐require s‐huge‐investment‐infrastructure/.

治互信、经济融合、文化包容的利益共同体、命运共同体与责任共同体。该战略的贯彻将坚持开放合作、和谐包容、市场运作与互利共赢的原则，并以政策沟通、设施联通、贸易畅通、资金融通与民心相通等"五通"为合作重点。"一带一路"倡议肩负着探寻经济增长之道、实现全球化再平衡与开创地区新型合作的三大使命。在合作机制方面，"一带一路"将加强多层次、多渠道的双边合作、强化多边合作机制作用、继续发挥沿线各国区域、此区域相关国际论坛、展会等平台的建设性作用①。

发改委、外交部、商务部在 2015 年 3 月发布的《推动共建丝绸之路经济带和 21 世纪海上丝绸之路的愿景与行动》中指出，基础设施互联互通是"一带一路"建设的优先领域。"在尊重相关国家主权和安全关切的基础上，沿线国家宜加强基础设施建设规划、技术标准体系的对接，共同推进国际骨干通道建设，逐步形成连接亚洲各次区域以及亚欧非之间的基础设施网络。"具体而言，基础设施网络又包括交通基础设施、能源基础设施与通信干线网络建设等三个方面②。

近两年来中国政府频频出击，主导创建了多个多边投融资平台。2014 年 10 月 24 日，包括中国、印度、新加坡等在内 21 个首批意向创始成员国的财长和授权代表在北京签约，共同决定成立亚洲基础设施投资银行（Asian Infrastructure Investment Bank，AIIB）。截至 2015 年 4 月 15 日，亚投行意向创始成员国确定为 57 个（其中域内国家 37 个、域外国家 20 个），涵盖了除美国、日本和加拿大之外的主要西方国家，以及亚欧区域的大部分国家。2015 年 6 月 29 日，《亚洲基础设施投资银行协定》签署仪式在北京举行，亚投行 57 个意向创始成员国财长

---

① 发改委、外交部、商务部：《推动共建丝绸之路经济带和 21 世纪海上丝绸之路的愿景与行动》，2015 年 3 月 28 日。

② 发改委、外交部、商务部：《推动共建丝绸之路经济带和 21 世纪海上丝绸之路的愿景与行动》，2015 年 3 月 28 日。

或授权代表出席了签署仪式，其中已通过国内审批程序的50个国家正式签署《协定》。亚投行总部设在北京，法定资本为1000亿美元。2014年12月29日，丝路基金有限责任公司在北京注册成立。丝路基金是由中国外汇储备、中国投资有限责任公司、中国进出口银行、国家开发银行共同出资，依照《中华人民共和国公司法》，按照市场化、国际化、专业化原则设立的中长期开发投资基金，重点是在"一带一路"发展进程中寻找投资机会并提供相应的投融资服务，以促进中国与相关国家的经贸合作以及互联互通。丝路基金的注册资本为400亿美元。在首期资本金100亿美元中，外汇储备通过其投资平台出资65亿美元，中投、进出口银行、国开行亦分别出资15亿、15亿和5亿美元。① 2015年7月21日，金砖国家新开发银行（New Development Bank）在中国上海开业。金砖国家开发银行总部将设在中国上海，首任理事长来自俄罗斯，首任董事长来自巴西，首任行长来自印度。金砖开发银行的启动资金是500亿美元，资金额由5个金砖国家均摊，将来会逐渐增加到1000亿美元。

如前所述，当前世界经济增长面临着长期性停滞的风险，而加大基础设施投资力度是摆脱长期性停滞的重要手段。然而，尽管基础设施投资有助于促进经济增长，但在全球范围内，尤其是在亚洲地区存在巨大的基础设施投资的资金缺口。在现有的多边开发性融资机构（世界银行、亚洲开发银行）能够提供的资金支持极为有限的情况下，中国政府推动"一带一路"建设，并且致力于通过多边合作方式为沿线国家基础设施投资提供新增融资的举动，有助于缓解亚洲基础设施投资的资金缺口，进而促进该区

---

① 丝路基金2015年4月签下"首单"，投资中巴经济走廊优先实施项目之一卡洛特水电站。卡洛特水电站位于巴基斯坦吉拉姆河，规划装机容量720兆瓦，年发电32.13亿度，总投资额约16.5亿美元。

域的基础设施投资，从而达到提振沿线国家经济增长乃至全球经济增长的目的。从这一意义上而言，"一带一路"倡议的实施有助于推动世界经济增长。假定从 2016 年至 2020 年，"一带一路"倡议能够带动的基础设施投资分别为 500 亿、750 亿、1000 亿、1250 亿与 1500 亿美元，再假定基础设施投资拉动经济增长的弹性为 1.5 倍，那么，仅仅依靠"一带一路"倡议带动的基础设施投资，就能将新兴与发展中亚洲国家的 GDP 增速累计提高 9.7 个百分点，平均每年提高 1.9 个百分点；能将全球 GDP 增速累计提高 2.4 个百分点，平均每年提高 0.5 个百分点。①

中国经济具有的如下三个比较优势，使得中国政府在"一带一路"策略中有能力推动亚洲地区的基础设施建设、进而助推世界经济增长：第一，截至 2015 年 8 月底，中国政府的外汇储备依然高达 3.56 万亿美元。过去中国的外汇储备主要投资于发达国家债券等低收益资产，而未来中国政府会加大利用外汇储备帮助中国企业提高开展海外直接投资的力度；第二，经过 30 多年的发展和积累，中国在基础设施装备制造方面已经形成完整的产业链，同时在公路、桥梁、隧道、铁路等方面的工程建造能力在世界上也已经是首屈一指。中国基础设施建设的相关产业有望更快地走向国际；② 第三，在基础设施建设的有关行业方面，中国在钢铁、水泥、电解铝、PVC 等行业积累了大量的富余产能，相比之下，不少沿线国家在上述产业方面是缺乏足够的产能的。图 3 - 6 显示了中国与沿线国家在钢铁产能方面的相对状况。"一带一路"倡议的实施既有助于中国政府更加充分地利用这些产能，也有助于帮助沿线国家构建自己的国内产能。

_____

① 对 2016 年至 2020 年期间新兴与发展中亚洲国家 GDP 以及全球 GDP 的估算均引自 IMF 世界经济展望数据库。

② http：//baike. baidu. com/view/10938006. htm.

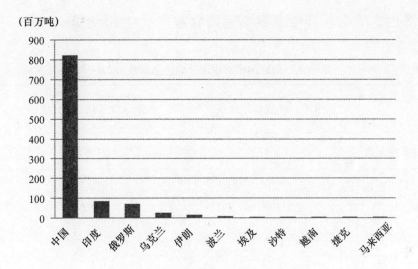

图 3 - 6　沿线国家 2014 年度粗钢产量

资料来源：World Steel Association。

　　一个可能的相关问题是，为何中国政府会积极推动"一带一路"倡议的实施呢？这是因为"一带一路"沿线国家已经成为中国对外贸易与投资的重点区域。如果能够通过"一带一路"倡议促进沿线国家的基础设施建设与经济增长，这反过来也会进一步促进中国对外贸易与投资的增长。目前在中国出口市场的分布中，亚洲国家已经占到 50%（其中东盟占到12%）、欧洲国家占到 18%、非洲国家占到 5%；目前在中国进口市场的分布中，亚洲国家已经占到 57%（其中东盟占到12%）、欧洲国家占到 17%、非洲国家占到 4%。如表 3 - 3 所示，目前中国与"一带一路"沿线国家的贸易占中国对外贸易的比重，已经显著超过"一带一路"沿线国家国际贸易占全球国际贸易的比重。如图 9 所示，目前在中国对外直接投资的流量分布中，亚洲占到 70%、欧洲占到 6%、非洲占到 3%。这些数据说明，"一带一路"沿线国家在中国当前的对外贸易与对外投资中扮演着至关重要的角色。因此，如果"一带一路"沿线国家能够通过基础设施投资拉动本国经济增长，那么中国经济也自然会从其中获得不菲的收益。

表 3-3　　"一带一路"沿线国家对中国外贸的重要性（2014 年）　（单位:%）

	占中国对外贸易的比重	占全球贸易总额的比重
南亚与东南亚	12.8	7.6
中亚	1.3	0.4
西亚与北非	7.4	5.4
东欧	2.4	2.2

资料来源：Bloomberg（2015）。

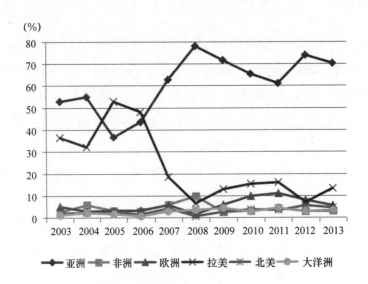

图 3-7　中国对外直接投资的分布（流量）

资料来源：CEIC，作者的计算。

当然，仅仅依靠中国的外汇储备来为"一带一路"沿线国家的基础设施投资缺口进行融资是不现实的。为了更好地缓解本区域的基础设施投资缺口，"一带一路"沿线国家可以采取如下对策：第一，更好地发挥亚投行、丝路基金等多边投融资机构的作用。这应该在一方面鼓励更多国家政府与相应机构参与到这些多边机构中来，提供更多的资本金支持；在另一方面，这些多边投融资机构应该通过发行债券、银团融资等方式适当扩大杠杆，提高资金实力；第二，在设计沿线国家的具体投资项目时，可以考虑通过 PPP 等市场化机制引入更多的民间资金来缓解资金缺口。不过，私人部门投资者是否愿意参与"一带一路"建设，关键要看具体项目的设计与质量。除非这些项目能够保证私人投资者的投资收益率与投资安全，否则私人部门投资者的参与积极性不会很高，沿线国家基础设施投资的缺口仍会长期存在。

六　结　论

自全球金融危机爆发以来，世界经济增长呈现出分化与停滞的特征，长期性停滞的风险日益凸显。扩大投资，尤其是扩大基础设施投资，有助于显著提振经济增长、激发创新、促进就业以及降低贫困，进而有助于摆脱长期性停滞。尽管全球范围内存在基础设施投资的普遍迫切需求，但在新兴市场与发展中国家内部，存在基础设施投资的巨大缺口，这一缺口在亚洲地区尤其突出。

2013 年以来中国政府首倡并逐步付诸实施的"一带一路"倡议，结合了中国在外汇储备、装备制造与工程建造、基础设施投资相关产业方面的比较优势，有助于缓解沿线国家基础设施投资的资金缺口，促进大规模相关投资以及区域乃至全球的经济增长。反过来，沿线国家的基础设施投资浪潮与经济增长前景，也有助于促进中国经济的贸易、投资和结构转型。然而，沿线国家最终能否显著缓解资金缺口，关键仍在于具体项目设计能否保证足够的投资收益率以及投资安全。

第八章 "一带一路"与中国经济
转型发展[*]

一 "一带一路"建设对中国的重大意义

"一带一路"倡议是中国未来较长一段时间对外开放的总体规划，其重点目标是推动区域内各国之间的政策沟通、道路联通、贸易畅通、货币流通和民心相通。"一带一路"沿线范围涵盖亚洲、欧洲、非洲三大洲的 65 个国家，近 44 亿人口，是中国的一项宏大对外规划，将对未来国际政治经济格局产生深远影响。"一带一路"倡议的提出，有其深刻的国际、国内经济背景。从国际视角看，经济全球化和区域经济一体化正持续深化，国际贸易和投资格局正处在深度调整之中，世界各国处于经济发展的关键阶段，需要进一步激发区域发展活力与合作潜力[①]。从国内视角看，中国当前已进入经济中高速增长的新常态，面临产业结构转型升级压力，开放型经济发展和创新驱动发展战略正稳步推进，"一带一路"倡议的提出可谓正逢其时。"一带一路"倡议是中国的一项重要规划部署，在当前中国经济增长速度进入换挡期、结构调整面临阵痛期和前期刺激政策消化期三期叠加的背景

  * 本章作者：王永中，中国社会科学院世界经济与政治研究所国际投资研究室副主任、研究员。

  ① 安宇宏：《"一带一路"倡议》，《宏观经济管理》2015 年第 1 期。

下具有极为重要的意义①。

（一）"一带一路"倡议塑造中国对外经贸合作新格局

改革开放三十多年来，中国外向型经济取得跨越式发展，实现了与全球经济的深度融合。2014 年，中国进出口贸易总额达到 4.3 万亿美元，连续两年位居世界第一②；中国吸引的外商直接投资（FDI）达到 1290 亿美元，首次成为全球最大的外商直接投资接收国③；中国对外直接投资（OFDI）净额达到 1231 亿美元，连续三年位居世界第三④。

长期以来，中国对外经贸合作的重点是发达国家。中国在改革开放后实行出口导向型发展战略，凭借自身劳动力成本优势，吸引了大量来自发达国家的直接投资，承接了大量转移产业，成长为全球主要的生产基地和产品出口平台。跨国公司将产品生产加工环节放在中国，生产出来的产品主要出口到欧美等发达市场，为中国创造了庞大的就业机会、大量的经常项目顺差和巨额的外汇储备。2008 年国际金融危机爆发以来，发达国家经济普遍低迷，市场需求持续疲弱，限制了中国与发达国家贸易的增长空间。与发达国家市场趋于饱和形成鲜明对比的是，"一带一路"沿线国家人口众多，市场潜力巨大，经济发展水平普遍不高，对中国质优价廉商品的潜在需求大，发展与"一带一路"沿线国家的经贸合作，有利

---

① 十八大以来，以习近平为总书记的党中央对经济形势做出了经济增长速度换挡期、结构调整阵痛期、前期刺激政策消化期三期叠加的重要判断。经济增长速度换挡期，是指中国经济正处于从高速增长换挡到中高速的过渡阶段；结构调整阵痛期，是指中国经济结构调整刻不容缓，不调就不能实现进一步的发展；前期刺激政策消化期，是指中国在 2008 年国际金融危机爆发后实施了一揽子经济刺激计划，现在这些政策还处于消化期。

② 数据来自世界贸易组织（WTO）。

③ 数据来自联合国贸发组织（UNCTAD）2015 年发布的《世界投资报告》。

④ 数据资料来源于 2014 年度《中国对外直接投资统计公报》。

于冲抵发达国家需求不足对中国外贸的负面冲击。

"一带一路"建设将有效保障国内原材料供应，确保国家经济安全。"一带一路"沿线国家拥有丰富的自然资源，但由于缺乏必要的资金和开采技术，资源开发水平较低，而中国正处在工业化快速发展阶段，对能源资源等原材料的需求较大，中国可利用资本、技术和市场优势，帮助"一带一路"沿线国家开发资源，这不仅能够保障中国能源和原材供应，还能带动当地经济发展。因此，中国亟须加强同广大发展中国家尤其是"一带一路"沿线国家的经贸合作，以不断培育新的贸易增长点，实现"多点开花"，促进中国对外贸易投资的平衡与可持续发展。

（二）"一带一路"倡议是中国深度参与全球经济治理的重要平台

作为世界第二大经济体和第一大贸易国，中国需要在全球经济治理中发挥更大的作用。当前，新的国际经贸秩序正在形成，由美国主导的跨太平洋战略经济伙伴关系协定（简称"TPP"协定）和跨大西洋贸易与投资伙伴协定（简称"TTIP"协定）近期取得实质性进展。值得关注的是，美国主导的TPP和TTIP谈判涵盖了中国的主要贸易和投资对象，中国有可能在新一轮的国际贸易和投资规则制定中被边缘化[①]。作为全球最大的贸易国和重要的对外资本输出国，中国需要积极应对，主动参与新的国际经济规则的制定。中国与"一带一路"沿线国家的合作将会补充、发展现行的国际经贸规则，如贸易投资便利化举措、自由贸易区协定谈判、双多边投资协定协商等。这有利于打破发达国家长期主导国际经济规则、发展中国家被动参与全球治理的局面。从这个意义上来说，"一带一路"倡议为中国参与全球经济治理提供了一个重要的平台。

---

① 申现杰、肖金成：《国际区域经济合作新形势与我国"一带一路"合作战略》，《宏观经济研究》2014年第11期。

（三）"一带一路"倡议有助于提升中国的国际分工地位

过去，中国对外经贸合作主要侧重于传统的商品进出口贸易，中国凭借要素成本优势嵌入由发达国家跨国公司所主导的国际生产分工体系。在这一生产分工体系下，跨国公司将产品生产加工环节放在中国，然后将制成品销往世界各地。中国成为世界的加工厂，获得的附加值非常低，并付出了资源耗竭、环境破坏的代价，且易受东道国贸易保护主义的影响。同时，中国的资本输出模式也比较单一，积累的庞大外汇储备主要投资于发达国家的长期政府债券（主要是美国国债），不仅收益率低，还面临较高的利率、通货膨胀、汇率和主权债务违约风险。"一带一路"倡议转变了单一商品输出的传统模式，是中国商品、资本、技术、货币和文化的全面和联合走出去，是中国传统对外经贸合作的升级版。在与"一带一路"沿线国家的经贸合作过程中，中国企业将凭借资本和技术的优势，主导区域国际生产分工体系，占据区域价值链条的高端环节，这显然有利于提升中国的国际分工地位。而且，中国与"一带一路"沿线国家开展的国际产能和基础设施投资合作，将会逐步促进中国外汇储备投资的多元化，提高中国海外投资的收益率。

（四）"一带一路"倡议促进国内产业结构转型升级

"一带一路"建设的一个重要方面是国际产能合作，这对于促进国内产业结构转型升级，发展创新型经济具有重要的意义。过去三十多年来，中国承接了大量发达国家的低端产业，随着近年来中国国内劳动力成本的不断提高以及中国不断向产业链顶端迈进，部分低端产业需要转移到要素成本更低的发展中国家。"一带一路"建设有助于消化中国国内较具优势的过剩产能，促进国内产业结构转型升级。目前，中国钢铁、水泥等传统产业积累了庞大的过剩产能，而国内的基础设施建设正趋于饱和，如何消化过剩产能就成了一个棘手的难题。与此同时，"一带一路"沿线国家自然资源比较丰裕，拥有丰富的劳动力资源，但国内产业发展较为落后，基础设施水平较为低下，存在着巨大的基础设施建设缺口，当地政府发展经济的愿望强烈，对能够带动当地就业的产业投资非常欢迎，适合承接中国转移的制造业产能。中国目前一些产能过剩的但具有市场竞争力的一些劳动、资源密集型等优势产能，正是"一带一路"沿线国家需要发展的产业。从而，中国可依托"一带一路"建设，实现与沿线国家的产能互补，解决中国的产能过剩和"一带一路"沿线国家的产业发展不足问题。

（五）"一带一路"建设有助于中国区域经济协调均衡发展

当前，中国区域经济发展不协调、不均衡状况较为突出。改革开放以来，西部地区在经济总体发展水平和对外开放层次方面，长期滞后于东部和中部地区，与后者的发展差距不断拉大，不利于中国经济社会的平稳可持续发展。"一带一路"倡议的实施，为西部地区的开放型经济发展提供了重大历史契机。目前，中国正与"一带一路"沿线国家一道，积极规划并推进中蒙俄、新亚欧大陆桥、中国—中亚—西亚、中国—中南半岛、中巴、孟中印缅六大经济走廊建设。显然，西部地区将是参与这六大经济走廊建设的主力军。这会给西部地区经济发展带来两个重要效应：一是由传统上对外开放的后发地区转变成为中国新一轮对外开放的先行地区，西部地区对外贸易投资将迈入跨越式发展的新阶段；二是西部地区在中国对外开放中的区位重要性会大幅提升，国家会显著加大对西部地区的基础设施和关键产业的投资，从而带动西部地区经济的快速发展。因此，"一带一路"建设将会显著提升西部地区的对外开放度，促进西部地区的经济社会发展，缩小与东部和中部地区的经济发展差距，使中国区域经济协调、均衡的发展。

（六）"一带一路"建设将助推人民币国际化

近年来，随着人民币国际化进程日趋加快，人民币跨境贸易结算量显著增加，越来越多的国家愿意采用人民币进行贸易结算，人民币离岸债券发行量不断上升，一些国家还希望将人民币纳入本国外汇储备资产。根据环球银行金融电讯协会（简称"SWIFT"）的数据，2015 年 8 月人民币超越日元成为全球第四大支付货币，人民币的国际地位得到显著提升。"一带一路"建设有利于中国与沿线国家间的经贸往来和货币合作，有助于沿线国家人民币离岸金融中心的建立，扩大人民币的使用范围，进而提高人民币的国际化程度①。

二　中国与"一带一路"沿线国家的经贸合作状况

中国的对外贸易和投资传统上主要依赖发达国家。"一带一路"沿线国家是中国重要但不是最为主要的经贸合作伙伴，但近年来增长速度快，具有广阔的发展潜力。"一带一路"是中国海外工程承包最为重要的市场，基础设施领域投融资合作具有巨大发展空间。在当前发达国家需求疲弱的情形下，深化与"一带一路"沿线国家的经贸合作，对于促进中国开放型经济的平稳发展具有不可替代的作用。

（一）中国与"一带一路"沿线国家的双边贸易状况

"一带一路"沿线国家是中国重要的贸易伙伴。2014 年，中国同"一带一路"沿线国家双边贸易规模达 1.13 万亿美元，占中国当年对外贸易总额的 26.2%。近年来，中国与沿线国家之间的贸易规模稳步上升（见图 3-8）。中国对"一带一路"沿线国家的出口额由 2005 年的 1347 亿美元升至 2014 年的 6421 亿美元，年均增速达 16.9%，占中国对外出口的比重从 17.7% 攀升至

---

① 韩玉军、王丽：《"一带一路"推动人民币国际化进程》，《国际贸易》2015 年第 6 期。

27.4%。这表明，"一带一路"沿线国家在中国外贸出口中的重要性日益增强。因此，在发达国家需求持续疲弱的背景下，扩大对"一带一路"沿线国家的出口对于稳定中国出口具有十分重要的现实意义。中国从"一带一路"沿线国家的进口规模持续上升。2005 至 2014 年，中国从"一带一路"沿线国家的进口额由 1412 亿美元增至 4844 亿美元，年均增幅达 13.1%，占中国进口比重相应由 2005 年的 21.4% 升至 2014 年的 24.7%。从贸易结构来看，中国向"一带一路"沿线国家出口的主要是工业制成品，进口的主要是能源和资源类初级产品。值得注意的是，中国与"一带一路"沿线国家之间的贸易不平衡状况较突出，中国长期处于贸易顺差国的地位，2014 年的贸易顺差高达 1577 亿美元。近来，大宗商品价格的大幅下跌将可能加剧中国与"一带一路"沿线国家之间双边贸易的不平衡状况。

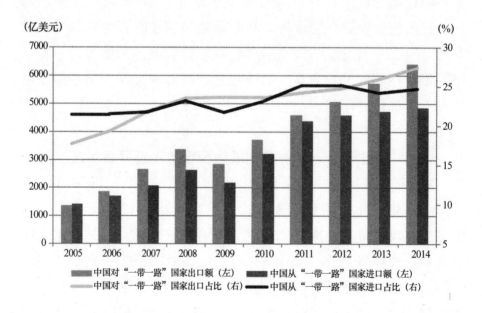

图 3-8　中国与"一带一路"国家双边贸易

资料来源：海关总署、CEIC 数据库。

在"一带一路"沿线国家中,东盟和西亚是两大主要贸易伙伴。2014 年,中国与东盟、西亚的双边贸易规模分别达 4805 亿美元、3137 亿美元,占中国同沿线国家的贸易份额分别为 42.6%、27.8%,而南亚、独联体的贸易份额约为 9.5%,中东欧、中亚的份额相对较小,仅分别为 5.8%、4%(见表 3 – 4)。东盟、独联体在"一带一路"沿线的贸易份额有所下降,而西亚地区的贸易重要性明显上升。2005 年至 2014 年期间,东盟、独联体的贸易份额分别下降了 4.7、2.5 个百分点,而西亚的贸易份额上升了 5.9 个百分点。

表 3 – 4　　　　中国与"一带一路"国家进出口贸易的区域分布

	2005 年		2010 年		2013 年		2014 年	
	总额 (亿美元)	占比 (%)	总额 (亿美元)	占比 (%)	总额 (亿美元)	占比 (%)	总额 (亿美元)	占比 (%)
东盟	1305	47.3	2928	42.2	4435	42.4	4805	42.6
西亚	604	21.9	1713	24.7	2853	27.3	3137	27.8
南亚	267	9.7	806	11.6	964	9.2	1061	9.4
独联体	333	12.1	659	9.5	1041	10.0	1081	9.6
中东欧	155	5.6	496	7.1	598	5.7	659	5.8
中亚	87	3.2	300	4.3	502	4.8	450	4.0
蒙古	9	0.3	40	0.6	60	0.6	73	0.6
总计	2760	100.0	6941	100.0	10453	100.0	11266	100.0

资料来源:海关总署、CEIC 数据库。

（二）中国与"一带一路"沿线国家的双边投资状况

围于经济发展水平和国际经营能力的限制，"一带一路"沿线国家尚不能构成中国一个重要的外商直接投资（以下简称FDI）来源地。2013年，中国从"一带一路"国家吸引的FDI规模为86.9亿美元，占当年中国FDI流入量的比例仅为7.4%（见表3-5）。值得关注的是，中国的FDI来源地结构极端不均衡。东盟地区是"一带一路"国家对华直接投资最多的地区，且绝大部分FDI来自新加坡。2013年，新加坡对华FDI达到72.3亿美元，占"一带一路"沿线国家对华FDI投资的份额高达83.2%。这反映了中国与新加坡之间紧密的贸易和投资联系。

表3-5　　　　　　　"一带一路"沿线国家对华FDI投资　　　　单位：亿美元

年份	东盟		西亚	中东欧	南亚	独联体	中亚	"一带一路"总额	"一带一路"的份额
	总体	新加坡							
2005	31.1	22.0	1.6	1.3	0.5	0.8	0.0	35.3	4.9%
2006	33.5	22.6	1.9	0.9	0.7	0.7	0.1	37.9	5.2%
2007	43.9	31.8	2.9	1.1	0.4	0.7	0.1	49.1	5.9%
2008	54.6	44.4	4.6	1.3	1.1	0.6	0.1	62.3	5.8%
2009	46.8	36.0	3.0	0.6	0.7	0.4	0.2	51.7	5.5%
2010	63.2	54.3	7.0	0.9	0.4	0.4	0.0	72.3	6.3%
2011	70.1	61.0	1.9	0.7	0.5	0.4	0.2	73.8	6.0%
2012	70.7	63.1	2.6	0.6	0.5	0.4	0.1	74.9	6.2%
2013	83.5	72.3	1.9	0.5	0.5	0.4	0.0	86.9	7.4%

资料来源：商务部、CEIC数据库。

"一带一路"沿线国家是中国对外直接投资的一个重要目的地。在过去的十余年间，中国对"一带一路"沿线国家直接投资规模增长迅速，由 2004 年的 3.6 亿美元大幅攀升至 2013 年的 134.2 亿美元①，年平均增速高达 43.6%，占中国对外直接投资总量的份额也从 6.5% 上升至 12.4%。另据美国传统基金会的数据，2013 年中国对"一带一路"沿线国家重大项目投资规模为 249.2 亿美元②，占中国对外直接投资的份额为 23.1%。美国传统基金会的数据明显高于商务部《中国对外直接投资统计公报》中公布的数据，印证了部分中国资本通过香港、开曼群岛和英属维尔京群岛等国际离岸投资平台和避税港投向"一带一路"沿线国家（见图 3-9）。

中国对"一带一路"沿线国家直接投资主要分布于东盟和西亚地区。2013 年，中国对东盟直接投资 72.7 亿美元，占中国对"一带一路"沿线国家总投资的 57.2%，主要配置于电力、矿业资源开发和制造业等行业。中国对西亚直接投资 22.3 亿美元，投资份额为 17.5%，主要配置于能源、基础设施和制造业等行业，主要分布在伊朗、沙特、也门、阿联酋和土耳其等国。中国对独联体、中亚直接投资规模较为接近，分别为 11.6 亿美元和 11 亿美元，主要投资于资源型产业。受地区形势和地缘政治的影响，中国在南亚地区的直接投资较为滞后，投资项目主要位于印度和巴基斯坦，投资领域则主要集中在机械设备制造、纺织、能源开采和基础设施。

中国对"一带一路"沿线国家的直接投资重点配置于能源、采矿等行业。2013 年，中国对"一带一路"沿线国家能源和金属矿石的投资比重为 64%。近年来，中国对"一带一路"国家投资领域逐渐延伸到不动产、交通和农业领域，但对沿线国家高科技和金融产业投资较少，尚未形成规模。

---

① 数据来源于《中国对外直接投资统计公报》。
② 重大项目是指投资金额超过 1 亿美元的项目。

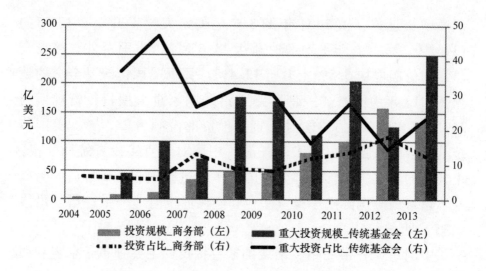

图 3-9 中国对"一带一路"沿线国家的直接投资

资料来源：商务部、The Heritage Foundation。

（三）中国在"一带一路"沿线国家承建大型工程项目的状况

"一带一路"沿线国家是中国对外工程承包最为重要的目标市场。"一带一路"沿线国家基础设施建设滞后，基础设施建设需求量大。根据一项测算结果显示，"一带一路"沿线国家基础设施市场需求前景广阔，基础设施建设总规模预计达 25 万亿美元，年均需求量约为 3.2 万亿美元①。这为中国工程承包企业提供了巨大的市场机遇。中国在工程项目尤其是基础设施领域拥有丰富的设计、施工、维护和运营经验，再加上中国完善的配套产业和充足的信贷资金支持，中国在工程项目建设上具有成本低、效率高、配套全的特点，在国际工程承包市场尤其是在发展中国

---

① 丘兆逸、付丽琴：《国内私人资本与一带一路跨境基础设施建设》，《开放导报》2015 年第 3 期。

家工程项目承包上具有较明显的竞争优势①。

近年来，中国在"一带一路"沿线国家承建的大型工程项目增长较快。2005 年，中国在沿线国家承建的大型工程项目金额为85.8 亿美元，2013 年飙升至 580 亿美元，增加了近 5.8 倍。2013年，中国所承建的大型工程项目中超过一半位于沿线国家（见表3 - 6）。随着"一带一路"倡议的实施，中国对沿线国家的基础设施项目投资的速度预计会显著加快。

表 3 - 6　　　　　中国在"一带一路"沿线国家承接的大型
工程项目的区域分布　　　　　单位：亿美元

	东盟	西亚	南亚	中亚	独联体	中东欧
2005	11.9	43.6	0	3		
2006	32	38.6	9.5	3.4		
2007	70.3	75.9	35.2	21.6	8.3	
2008	55.7	45.4	10.9	2	11.6	
2009	38.6	73.7	22.1	31.3	0	1
2010	153.9	75.9	56.6	24.3	4.6	15.1
2011	94.3	55.5	22.5	11.6	33.8	
2012	81.6	81.2	51.3	12.6	16.3	22.9
2013	60.7	81	98.1			38.7

资料来源：The Heritage Foundation 和作者的计算。

过去，中国在"一带一路"沿线国家承建的大型工程项目主要位于东盟和西亚，在中亚、独联体和中东欧承建的工程项目比较少。近年来，中国企业的工程项目建设逐渐向南亚、中亚、独联体和中东欧地区沿线国家扩散。而且，中国在"一带一路"沿

---

① 王永中、李曦晨：《中国对一带一路沿线国家投资风险评估》，《开放导报》2015 年第 4 期。

线国家承建的工程项目主要集中在能源和交通行业①。

三 推进"一带一路"建设的政策建议

中国传统上通过引进发达国家的资本、先进的技术和管理经验，利用中国的劳动力成本优势，参与国际生产分工体系。"一带一路"倡议是以资本"走出去"为基础，驱动中国的设备、服务、技术、标准、货币和文化联合"走出去"，是中国传统的产品"走出去"和资本低层次"走出去"的升级版。作为一个后起的发展中国家和国际投资领域的后来者，"一带一路"倡议对中国经略国际市场、应对国际投资风险、参与全球经济治理的能力提出了严峻挑战。在"一带一路"倡议的实施过程中，中国的资本、设备、技术和人员将会大量配置于"一带一路"沿线国家，这不仅迫切要求中国培养出具有丰富的国际市场经营经验的企业家群体，熟悉当地语言、文化和法律政策环境的国际化人才队伍，而且要求中国政府显著提升保障海外经济利益和全面参与全球治理的能力。显然，中国目前所具备的对外投资能力与"一带一路"建设的要求仍有不小的差距。

而且，"一带一路"沿线国家经济发展水平相对较低，政治社会不稳定风险较高，法律制度和经济体制不够完善，政策的稳定性和可预见性较差，潜在的投资风险较高。根据一项研究结果显示，"一带一路"国家的投资风险明显高于平均水平。中国在"一带一路"沿线国家投资失败项目的数量份额、价值份额的比例均显著超过其在"一带一路"的投资份额。对于中国企业而言，"一带一路"沿线地区的投资风险也存在着差异性，西亚地区的投资风险最高，南亚地区的投资风险较高，中亚地区的投资

---

① 王永中、李曦晨：《中国对一带一路沿线国家投资风险评估》，《开放导报》2015 年第 4 期。

风险较低，而中东欧、独联体和东盟等地区的投资风险处于中等水平①。另外，中国与"一带一路"沿线国家的经贸合作会很有可能遭遇地缘政治方面的阻力，特别是一些重大的投资项目和基础设施项目更容易遭遇政治风险。因此，"一带一路"建设将是一个长期、曲折和漫长的过程，前景虽然广阔，但投资风险不可忽视，中国需要冷静理性看待，做好顶层设计和实施方案，步步为营，扎实推进，不可盲目躁进，追求投资项目的财务可持续性。为确保中国"一带一路"倡议的顺利实施，实现中国开放型经济转型发展，提出以下几点政策建议。

（一）"一带一路"倡议应当同中国与发达国家的经贸合作战略形成双轮驱动

中国对外经贸合作的重点传统上是发达国家。目前，中国不仅继续需要利用发达国家先进的技术和管理经验来改造升级现有的工业体系，以促进国内产业结构的转型升级，而且需要依赖发达国家巨大市场空间来销售产品，因此，中国与发达国家的经贸合作极为重要。受经济发展水平和制度机制的局限，"一带一路"沿线国家的市场需求容量不可能在短期内超越发达国家，因此，中国在实施"一带一路"倡议时不应降低对发达国家市场的重视和开拓力度，应继续将其置于中国对外经贸合作重心的地位。所以，在战略层面，中国应当全面推进同发达国家和"一带一路"沿线国家的经贸合作，二者齐头并进，双轮驱动，推动中国对外经贸合作协调、均衡发展，加快促进中国开放型经济的转型发展。

---

① 王永中、李曦晨：《中国对一带一路沿线国家投资风险评估》，《开放导报》2015 年第 4 期。

（二）以基础设施领域合作为突破口，充分发挥中国在资本、技术和成本等领域的综合优势

中国同"一带一路"沿线国家在基础设施的投融资领域存在着较强的互补性，有较大的合作空间。中国在基础设施领域不仅拥有较强的设计、施工和运营能力，而且外汇资金充足，有较强的融资能力，在基础设施融资方面具有成熟的经验，而"一带一路"沿线国家总体上基础设施薄弱，资金严重缺乏，基础设施的设计、施工能力弱，缺乏运营大型基础设施项目的经验。同时，中国与"一带一路"沿线国家在能源资源领域也具有较强的互补性，沿线国家的初级大宗商品资源禀赋丰富，而中国对能源资源类大宗商品的需求较大。已有的实践表明，能源资源担保的基础设施国际融资是一种行之有效的方案。但是，该方式涉及敏感的资源开发问题，经常遭受民粹主义的批评指责。中国应鼓励国内企业在"一带一路"沿线国家竞标公路、铁路、机场、港口和电站等基础设施建设工程，推动金砖新开发银行、亚投行、丝路基金和国开行等国内外开发性金融机构加大基础设施的融资力度。

需要指出的是，基础设施领域是一个政治敏感的投资领域，且投入的资金量大，投资回报期长，投资风险高。中国近来在此领域的投资因政局变动频频受挫，如缅甸国内政治局势的变化导致中缅密松大坝工程被叫停和中缅皎漂—昆明铁路工程计划被取消；泰国政局动荡导致中泰"高铁换大米"计划流产；斯里兰卡新政府上台导致科伦坡港口城项目停工。中资企业在"一带一路"沿线国家的基础设施投资，应做好前期尽职调查，量力而行，尽力争取东道国政府的担保，并尽量采取国际合作方式，建立利益共享机制，缓解东道国内部的批评责难意见，实现基础设施投资项目的财务可持续性。

（三）完善人才培养体系，加大政策保障力度，为"一带一路"倡议的顺利实施创造有利条件

在过去三十余年对外开放的过程中，中国经济发展的典型特征是引进外资，利用劳动力资源丰富的优势被动嵌入国际跨国公司主导的国际分工体系，从而，中国当时向外输出的资源是有限的，中国的发展视野总体上是内向型，中国企业对国际化经营经验和国际化人才的需求不够迫切。"一带一路"建设是中国的人才、资本、设备、技术和文化的全方位"走出去"，迫切需要大量熟悉沿线国家的语言文化、政治法制制度和市场环境的国际化人才。"一带一路"建设的成功与否，归根到底是国际化人才的竞争。中国要多管齐下加大国际化人才的培养力度，如高校培养、企业培训、吸引留学生回国、延聘退休外交官和雇佣外籍人员等，以建立起一支熟悉"一带一路"沿线国家情况的国际化人才队伍。同时，完善国际化人才的激励机制，充分调动其主观能动性，提高其服务于"一带一路"建设的热情和动力。

"一带一路"建设是中国企业"走出去"的一项系统工程，中国政府应加大政策保障力度。首先，中国的政府、智库、媒体和企业界应向"一带一路"沿线国家的社会各界人士宣传与解释"一带一路"倡议的目标和合作领域，增进共识和互信，化解其误解和疑虑，为"一带一路"建设创造良好的国际环境。其次，政府要加大"一带一路"倡议的研究支持力度，鼓励设立相关研究智库，加强对"一带一路"沿线国家的国别调研和情报信息搜集的力度，为企业的投资行为提供指引。第三，综合利用开发性金融、出口信贷、出口保险、财政投入（补贴）和税收优惠等政策性手段，并引导商业银行、投资基金、信托公司等商业性金融机构，向"走出去"的国内企业提供财政、信贷和股权资金支持。最后，中国应积极与"一带一路"沿线国家修改和签订自由贸易协定、双边投资协定，促进商品、服务、资本和技术的双向、有序与自由流动，支持中国企业在海外依法维权，要求东道国的法律公正、透明，充分保护中国企业的合法权益。

（四）加强"一带一路"沿线国家风险预警和管理平台建设，确保中国对外投资安全性

"一带一路"沿线国家政治和经济风险比较高，中国企业需要提高风险防范意识，增加风险防范能力。随着"一带一路"建设的不断推进，中国在沿线国家的投资规模将会大幅上升，亟须增强对沿线国家的风险预警和管控能力。政府应鼓励企业设立独立的海外投资风险评估部门，加大对东道国国家风险研究的投入力度。中国应当建立和完善沿线国家的风险评估和预警体系，加大对研究机构和高校在国家风险识别与评估方面研究的支持力度，全面、准确评估沿线国家的各种潜在风险，为中国企业提供前瞻性风险指引。相关主管部门应当教育和规范企业海外投资经营行为，提高企业的合规守法意识，降低中国企业面临的海外风险。中国企业应当调整投资策略，切忌好大喜功，要适当克制对能源资源等敏感行业的投资，减少投资项目的受关注度和政治风险。中国应加大对投资东道国的外交资源投入力度，与东道国的政府、政党和社会各界维持良好关系，降低政权更迭带来的政策不确定风险。加快《海外投资保险法》的立法进程，完善海外投资保险制度。中国政府应大幅增加中国出口信用保险公司的注册资金规模，显著强化其海外投资保险业务，提高其为中国企业海外投资保驾护航的能力①。

---

① 王永中、王碧珺：《中国海外投资高政治风险的成因与对策》，《全球化》2015 年第 5 期。

第九章 "一带一路"的商机[*]

一 "一带一路"与中国发展

"一带一路"倡议是中国未来较长一段时间对外开放的总体战略，其重点目标是推动区域内各国之间的政策沟通、道路联通、贸易畅通、货币流通和民心相通。作为一个崛起中的发展中大国，中国的对外经贸合作应追求多元化、可持续发展。中国对外经贸合作的重心传统上是西方发达国家，但自全球金融危机以来，发达国家经济长期陷入低迷不振的境地，中国难以继续依赖发达国家来推动对外经贸的发展，"一带一路"沿线国家的市场需求对于中国开放经济稳定发展的重要性日益凸显。

同时，中国面临的国际经贸规则正发生着深刻的变化，美国和欧盟主导的跨太平洋伙伴关系协议（TPP）、跨大西洋贸易与投资伙伴协定（TTIP）谈判将中国排除在外，并试图重构现行国际贸易投资秩序。从国际经贸治理权力结构和秩序的角度看，中国作为全球最大的贸易国和重要的对外投资国，不可能继续搭西方国家的便车，而应在自身能力许可的范围内，逐步、稳健和建设性地参与国际经贸规则和秩序重塑，维护自身和发展中国家的合理经济权益。因此，"一带一路"倡议可理解为中国参与全球

---

* 本章作者：王永中，中国社会科学院世界经济与政治研究所国际投资研究室副主任、研究员。

经济治理的一个重要的平台和机制。

中国以往的产品输出与资本输出之间的界限泾渭分明，相互之间缺乏有效互动。传统上，中国对外贸易是建立在劳动成本比较优势的基础上，主要采取出口加工的模式，资本"走出去"主要采取购买美国国债这种低技术含量的投资方式，而中国与"一带一路"沿线国家的进出口贸易将基于中国的制造和资金优势，由中国的资本输出驱动，不再局限于中国产品"走出去"，而是中国的产品、资本、技术、货币和文化等元素联合"走出去"。相比较于单纯的贸易、低技术含量对外证券投资方式，中国与"一带一路"国家的经贸合作难度更高，风险更大，这对于中国的产品、技术、管理和人才储备提出了全方位的挑战。

（一）"一带一路"倡议下的国家及地区

根据国家发展改革委、外交部和商务部联合发布的《推动共建丝绸之路经济带和21世纪海上丝绸之路的愿景与行动》，"一带一路"沿线相关国家应"基于但不限于古代丝绸之路的范围，各国和国际、地区组织均可参与"。这意味着，中国对"一带一路"沿线所涉及的国家范围持开放态度，对具体国家不作明确界定，从而赋予了"一带一路"倡议的开放性与灵活性。

（二）贸易金矿

2005年至2014年期间，中国与"一带一路"沿线国家进出口总额的年均增速达18.2%，明显高于中国对外贸易14.0%的增速，从而，中国与"一带一路"沿线国家的贸易份额也相应由2005年的19.4%显著上升至24.7%。未来，随着"一带一路"倡议的实施，中国与"一带一路"国家的贸易将会继续维持高速增长态势。

中国与"一带一路"沿线国家的出口、进口均呈高速增长的态势。2014年，中国对"一带一路"沿线国家的出口规模为

6421 亿美元，占中国出口总规模的比重为 27.4%，而进口规模为 4844 亿美元，占中国进口总额的比例为 24.7%。2005 年至 2014 年期间，中国对"一带一路"沿线国家的出口的年均增长速度明显快于进口，出口的年均增速为 20.2%，而进口的年均增速为 16.2%，二者相差 4 个百分点，且二者均高出中国同期出口、进口的年均增速 2 个百分点。这表明，中国与"一带一路"沿线国家的贸易具有巨大发展潜力。

同时，中国与"一带一路"沿线国家之间的双边贸易也存在着不平衡问题。中国对"一带一路"沿线国家长期保持着贸易顺差，且贸易顺差规模近年来有不断增长的趋势，由 2011 年的 211 亿美元大幅增加至 2014 年的 1577 亿美元，在短短的 3 年时间内增长了 6.47 倍。

（三）出口大市场在哪里

主要分布于东盟、西亚和南亚地区，独联体、中东欧和中亚的市场份额相对较低。从时间趋势角度看，东盟、西亚和南亚的市场地位不断上升，而独联体、中东欧和中亚的市场地位趋于下降。

在"一带一路"沿线国家中，东盟是中国最为重要的出口市场，这源于中国与东盟长期密切的经贸合作传统和人文纽带联系。2014 年，中国对东盟的出口额达 2741 亿美元，占当年中国对"一带一路"国家出口额的 42.7%，占对外出口总额的 11.7%。2005 年至 2015 年 4 月期间，中国对东盟的出口累计达 15593 亿美元，占中国对"一带一路"沿线国家出口总额的 41.5%。中国对东盟出口的主要国家是新加坡、马来西亚、印度尼西亚和泰国，对这三国的出口额之和占中国对东盟出口总额的 69.3%。

西亚是中国在"一带一路"沿线国家中仅次于东盟的第二大出口市场。2005 年至 2015 年 4 月期间，累计出口规模达 8755.1 亿美元，占中国对"一带一路"国家出口的 23.3%。中国对西亚出口的主要目的地是阿联酋、沙特阿拉伯、土耳其和伊朗，出口产品主要是机械及运输设备、原料制成品和杂项制品。

南亚、独联体和中东欧也是中国较重要的出口市场。2005 年至 2015 年 4 月期间，中国对南亚、独联体和中东欧的出口额占对"一带一路"国家出口额的比例分别为 15.6%，10.9% 和 9.9%。中国对南亚出口的主要国家是印度、巴基斯坦、孟加拉；对独联体出口的主要国家是俄罗斯、乌克兰；对中东欧出口的主要国家是波兰、匈牙利、希腊、捷克、罗马尼亚；对中亚出口的主要国家是哈萨克斯坦。

（四）进口实惠从哪来

商品进口主要来源于东盟、西亚，南亚、独联体和中东欧。其中，中国对西亚、独联体、中亚和蒙古国的进口规模均大于出口。独联体、中亚等地区能源资源丰富，与中国经济有较强互补性，中国的进口商品主要是能源和资源。

2005 年至 2015 年 4 月期间，中国从东盟、西亚和独联体的进口总规模分别为 15043 亿美元、10087 亿美元、3279 亿美元，占中国从"一带一路"沿线国家进口规模比例分别为 45.6%、30.6% 和 9.9%，中国从南亚、中亚和中东欧的进口份额相对较低，三者的份额合计约为 13.1%。

中国从东盟进口商品的主要国家是马来西亚、新加坡、泰国、印度尼西亚和菲律宾；从西亚进口的国家主要是沙特、伊朗、阿曼和阿联酋等石油输出国；从独联体的进口国家主要来自俄罗斯，主要商品为石油和天然气；从中亚地区的进口国主要是哈萨克斯坦。

2014 年，中国与"一带一路"沿线国家的进出口总规模达 11265 亿美元，占中国对外贸易总额的 26.2%，且中国与"一带一路"沿线国家的贸易增长速度明显快于中国对外贸易的总体增长速度。

(亿美元)

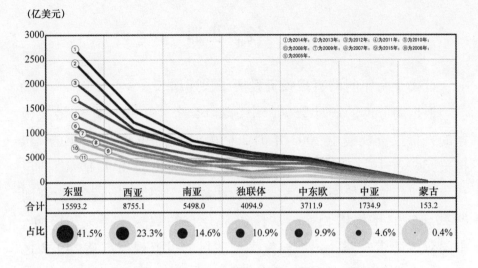

	东盟	西亚	南亚	独联体	中东欧	中亚	蒙古
合计	15593.2	8755.1	5498.0	4094.9	3711.9	1734.9	153.2
占比	41.5%	23.3%	14.6%	10.9%	9.9%	4.6%	0.4%

图 3 - 10 中国对"一带一路"沿线国家出口的区域分布

资料来源：海关总署、CEIC。

注：本图中的占比指中国对各地区的出口占中国对"一带一路"沿线国家出口额的比重。2015M4 表示 2015 年的前 4 个月。

(亿美元)

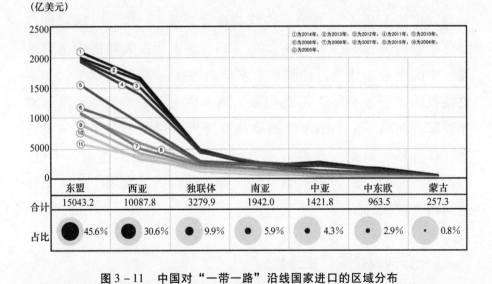

	东盟	西亚	独联体	南亚	中亚	中东欧	蒙古
合计	15043.2	10087.8	3279.9	1942.0	1421.8	963.5	257.3
占比	45.6%	30.6%	9.9%	5.9%	4.3%	2.9%	0.8%

图 3 - 11 中国对"一带一路"沿线国家进口的区域分布

资料来源：海关总署、CEIC。

注：本图中的占比指中国从各地区的进口占中国从"一带一路"沿线国家进口额的比重。2015M4 表示 2015 年的前 4 个月。

二 投资机遇

过去十余年间的直接投资经历了快速增长。

根据商务部的统计数据，中国对 65 个"一带一路"沿线国家的直接投资规模由 2003 年的 2 亿美元大幅升至 2013 年的 134 亿美元，占中国对外直接投资总额的比例相应由 7.1% 攀升至 12.4%，年均增长率高达 61.1%，明显快于中国对外直接投资同期 49.6% 的年均增长率。从传统基金会的数据来看，2013 年，中国对"一带一路"沿线国家大型项目的投资规模高达 249.2 亿美元，占中国对外直接投资总额的 23.1%。

从上述两组数据的对比来看，传统基金会的数据明显高于中国官方的统计数据，且其波动程度也明显大于后者。2005 年—2013 年期间，中国对"一带一路"沿线国家投资的平均规模为 69.2 亿美元（官方数据），而中国对这些国家的大型项目投资的平均规模达 139.2 亿美元（传统基金会数据），其占中国对外投资总额的比例分别为 10.8%、28.1%。这表明，大量的中国资本通过中国香港、开曼群岛和维尔京群岛等国际离岸投资平台和避税港投向"一带一路"沿线国家。从总体上看，"一带一路"沿线国家目前尚不是中国主要的境外直接投资目的地，中国主要的境外投资目的地是一些西方发达国家和资源丰富的国家。不过，中国对"一带一路"沿线国家的投资具有广阔的发展空间，预计近期将有较快的增长。

（一）向哪投资？投资什么？

区域分布差异较大。东盟与中国经贸关系密切，是"一带一路"沿线国家中吸引中国直接投资最多的地区。

许多东盟国家劳动力资源丰富，劳动力成本较低，且矿石资源储量较大，但电力基础设施薄弱，电力供应短缺现象较为普遍，中国对其投资主要集中在电力、矿业资源开发和制造业等行业。2013年年底，中国对东盟的直接投资存量为306.4亿美元，主要分布于新加坡、印度尼西亚，占中国对"一带一路"国家投资存量的52.3%。

西亚、中亚是中国直接投资规模较大的两个地区。2013年年底，中国对西亚、中亚的直接投资存量分别为78.3亿美元、71亿美元，占中国对"一带一路"沿线国家的投资额的比例分别为13.4%、12.1%。中国对西亚的投资主要集中于能源、基础设施和制造业等行业，主要分布于伊朗、沙特、也门、阿联酋和土耳其等国。

蒙古国是中国的邻国，矿石资源丰富，是中国一个重要的海外投资目的地。中国对独联体和南亚的投资规模较低。2013年，中国对独联体的投资存量为54.8亿美元，主要分布在俄罗斯，重点配置于森林、能源开采和加工制造业。受国际地缘政治因素的影响，中国在南亚地区直接投资较为滞后，主要分布于印度和巴基斯坦，投资集中在机械设备制造、纺织、能源开采、基础设施等行业。

（二）投资的高利润行业

中国对"一带一路"沿线国家投资的首要目标是获取战略性资源，如石油天然气、矿石和土地；次要目标是利用丰富的人力资源和开拓当地市场，如对金属、交通业、化学等制造业的投资，以及高科技行业投资。

中国对"一带一路"沿线国家大型项目投资的行业结构呈现多元化态势，先由能源行业起步，逐步拓展至金属矿石、不动产、交通、高科技、农业、金融和化学等行业。从行业结构看，能源占绝对主导地位，金属矿石居次席，不动产、交通分列第三、第四位，农业、高科技和化学等行业的投资规模相对较小。

2013 年，中国对"一带一路"沿线国家的能源、金属矿石、不动产、交通等行业的大型项目投资存量分别为 679.7 亿美元、233 亿美元、116.5 亿美元、114.2 亿美元，占"一带一路"投资总额的比例依次为 54.3%、18.6%、9.3%、9.1%，而中国对农业、高科技、化学、金融等行业的投资存量分别为 37.5 亿美元、30.8 亿美元、20.3 亿美元、8.3 亿美元，其所占比例依次为 3.0%、2.5%、1.6%、0.7%。

（三）"走出去"的中国企业

中央级国有企业是中国对"一带一路"沿线国家开展投资的主力军，但也出现了一些失败案例，值得深入研究其发生原因。

2014 年上半年，中央级国有企业对"一带一路"沿线国家大型项目投资的存量为 949.7 亿美元，占中国对"一带一路"大型项目投资总量的 74.6%。地方企业发挥了补充性作用，对"一带一路"国家大型项目的投资存量为 323.8 亿美元，占中国对"一带一路"大型项目投资存量的 25.4%。对"一带一路"沿线国家进行投资的地方企业主要来源于东部地区。其中，上海企业对"一带一路"的投资存量最大，达 43.3 亿美元，占地方企业投资量的 13.4%；浙江、广东、吉林和山东企业的投资规模次之，分别为 42.1 亿美元、39.6 亿美元、39.2 亿美元、37.5 亿美元，其投资份额依次为 13.0%、12.2%、12.1%、11.6%。

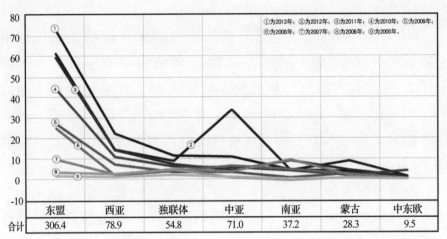

图 3-12 中国对"一带一路"沿线国家直接投资流量的区位分布

资料来源：CEIC。

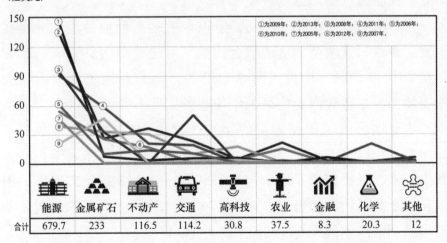

图 3-13 中国对"一带一路"沿线国家大型投资项目的行业结构

资料来源：The Heritage Forndation 及作者计算。

三　工程承包：大资金，大项目

2013 年，中国在"一带一路"沿线国家承建的大型工程承包项目的金额为 580 亿美元，比 2005 年的 85.8 亿美元的水平增长了 5.76 倍，占中国当年对外承建的大型工程承包项目金额的 55.5%。在 2005 年至 2014 年上半年期间，中国在"一带一路"沿线国家承建的大型工程项目规模占中国对外大型工程总承包量的平均比例高达 58.2%，显著高于直接投资的比重。未来一段时间，随着基础设施互联互通将成为中国与"一带一路"国家的重点合作领域，中国对"一带一路"国家的基础设施投资将很可能出现爆发性增长。

（一）大项目分布

呈稳步扩散态势，主要分布于东盟、西亚和南亚三个地区，中亚、独联体和中东欧的规模相对较低。

在 2005 年至 2006 年期间，中国承揽的工程项目集中分布在东盟、西亚，这两个地区的联合比重平均比重高达 89.7%。2007 年至 2010 年期间，中国工程承包商的影响力迅速扩展至南亚和中亚地区，东盟和西亚地区的年均业务比重下降至 72.6%，而南亚和中亚地区的工程业务量的年均比重由前期的 10.3% 攀升至 23.8%。2011 年以来，中国的工程承包市场进一步拓展至独联体和中东欧，东盟和西亚的承包业务平均份额持续降至 57.1%，南亚和西亚的平均份额稳定升至 32.7%，而独联体和中东欧的业务平均份额由前期的 5.0% 大幅上升至 18.1%。

2005 年至 2014 年上半年期间，中国在东盟、西亚和南亚承建的大型承包工程项目总规模分别为 631.6 亿美元、599.7 亿美元、368.9 亿美元，分别占中国在"一带一路"承担大型工程项目总额的 34.3%、32.5%、20.0%，而中国在中亚、独联体和中东欧地区承担的大型工程项目规模分别为 134.7 亿美元、108.3 亿美元、88.9 亿美元,其占比依次为 7.3%、5.9%、4.8%。

(二)大项目集中的行业

主要集中于能源、交通和不动产等行业。总体上看,能源行业工程承包项目的绝对规模呈上升趋势,但其所占比重稳步下降,交通行业的工程承包规模及其所占比重逐步上升,而不动产行业的工程承包规模波动性大,尚未表现出稳定的趋势。

2005 年至 2014 年上半年期间,中国在能源、交通和不动产等行业承建的大型工程承包项目的存量分别为 1083.1 亿美元、395.3 亿美元、212.7 亿美元,占承建的"一带一路"大型工程项目总额比例依次为 57.1%、20.8%、11.2%。中国还承担了金属矿石、农业和化学等行业的一些大型工程项目,其金额分别为 108.6 亿美元、57.4 亿美元、29.6 亿美元。

(三)什么企业可承包?

在工程承包领域,中央级国有企业相比较于地方企业拥有巨大的市场竞争优势,而在其内部,母公司承建了绝大部分的大型工程承包业务,子公司承担的工程业务量相对较少。

中央级国有企业在"一带一路"国家的工程承包业务中占据绝对的主导地位。2005 年至 2014 年上半年期间,隶属国资委的中央级国有企业在"一带一路"沿线国家承担的大型工程项目的总规模达 1818.7 亿美元,占中国在"一带一路"承建大型工程项目总额的 94.1%,而地方企业承担的大型工程项目规模则仅为95.8 亿美元,占比 5.0%。

在 2005 年至 2014 年上半年期间,中央级国有企业以母公司名义在"一带一路"承建的大型工程项目的总规模达 1580.3 亿美元,以子公司名义出面承担工程项目的总金额为 238.4 亿美元，其占央企在"一带一路"工程承包量的比例分别为86.9%、13.1%。

值得注意的是，中央级国有企业在"一带一路"沿线国家以子公司名义承揽大型工程的规模近年来大幅下降，由2010年的63.7亿美元大幅降至2013年的1亿美元，其占比也相应由14.3%大跌至0.4%。而且，在2014年上半年，中央级国有企业在"一带一路"沿线不再以子公司名义承建大型工程项目。预计中央级国有企业在未来的"一带一路"基础设施互联互通建设过程中将继续发挥主力军的作用。

基础设施建设等工程承包项目是中国具有竞争优势的领域。中国工程承包企业拥有工资成本较低但业务能力较强的工程施工队伍，且能获得较为充足的外部信贷资金支持，在交通、电力和水利等领域具有较强的国际竞争力。

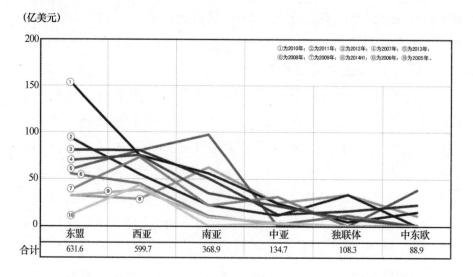

图3-14　中国在"一带一路"沿线国家承建的大型工程项目的区域分布

资料来源：The Heritage Foundation 及作者计算。

注：2014H1表示2014年上半年。

(亿美元)

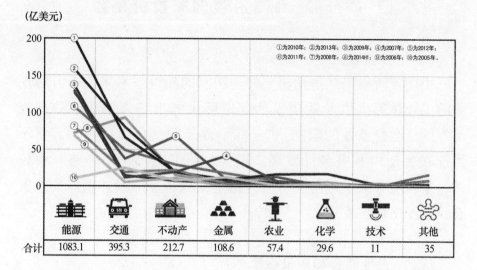

图 3 - 15　中国在"一带一路"沿线国家承建的大型工程项目的行业结构

资料来源：The Heritage Foundation。

注：2014H1 表示 2014 年上半年。

(亿美元)

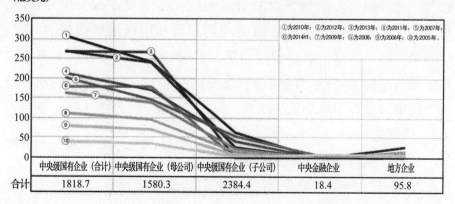

图 3 - 16　中国在"一带一路"沿线国家承建的大型工程项目的国内企业类型

资料来源：The Heritage Foundation。

注：2014H1 表示 2014 年上半年。

四 "一带一路"沿线国家投资秘籍

(一) 投资模式

中国现阶段仍然迫切需要发达国家的先进技术来改造升级现有的工业体系，以及欧美发达国家巨大的市场来销售工业制成品。囿于自身条件的限制，"一带一路"沿线国家的市场容量不可能在短期内有突破性发展。因此，在实施"一带一路"倡议时，中国应齐头推进与"一带一路"沿线国家、发达国家的经贸合作，平衡协调发展。

(二) 人才储备和政策保障

中国的政府、学术界、媒体和企业界应向"一带一路"沿线国家的社会各界人士宣传与解释"一带一路"倡议的目标和合作领域，化解其误解和疑虑，增进共识和互信；加大对"一带一路"沿线国家相关小语种人才和复合型人才的培养力度，鼓励行业协会及商会在"一带一路"沿线国家设立分支机构，鼓励设立相关研究智库，加强对"一带一路"沿线国家的国别调研和情报信息搜集的力度；通过自由贸易协定、双边投资协定，促进商品、服务、资本和技术在中国与"一带一路"沿线国家之间的双向、有序与自由流动，政府支持中国企业在海外依法维权，保护中国企业的合法权益。

(三) 基础设施建设融资合作

中国与"一带一路"沿线国家在基础设施投融资领域具有较大的互补性，中国具有较强的基础设施建设能力，运营管理基础设施的经验丰富，且外汇资金充裕，是全球最大的大宗商品需求国，而"一带一路"沿线国家总体上基础设施薄弱，资金严重缺乏，但初级大宗商品资源禀赋丰富。国内企业应注重在"一带一路"沿线国家竞标公路、铁路、机场、港口和电站等基础设施建设工程，推动金砖新开发银行、亚投行、丝路基金和国开行等国内外开发性金融机构加大基础设施的融资力度。

（四）投资风险的预警和管理

"一带一路"沿线国家的政治不稳定风险和政策不确定风险非常高，中国应建立对外投资国家风险的评级和预警体系，全面评估赴"一带一路"国家投资所面临的政治、经济和社会风险。政府和企业应设立专门的海外投资风险评估机构，加大海外信息的收集与风险评估力度。中国企业应完善投资策略，不要盲目追求大规模的投资项目，适当克制对能源资源等敏感行业的投资，减少投资项目的受关注度和政治风险。同时，中国应加大对投资东道国的外交资源投资力度，降低政权更迭带来的政策不确定风险。

五　风险：以案为鉴

案例 1

中国铝业放弃收购南戈壁资源公司旗下的蒙古国煤矿

— 背景 —

南戈壁资源公司（SouthGobi Resources）是总部位于加拿大，在多伦多和香港证券交易所上市的一家综合煤炭开采、开发和勘探公司。南戈壁资源公司拥有包括蒙古国敖包特陶勒盖煤矿、苏木贝尔煤田、Zag Suuj 煤田等战略性焦煤资源。其中，敖包特陶勒盖（Ovoot Tolgoi）焦煤矿是南戈壁资源的主要资产，位于戈壁沙漠距中蒙边境不到 50 公里的地方。南戈壁资源公司对这些煤田进行勘探和开发，供应中国市场。同时，南戈壁资源获得了在蒙古国境内开展矿产勘探的许可。中国铝业期望通过此次收购，扩展公司的产业发展链条，实现由单一铝业转向以铝为主业的多元化发展。

— 案情 —

2012 年 4 月 2 日，中国铝业宣布要约收购南戈壁资源公司。根据与南戈壁资源公司大股东艾芬豪（Ivanhoe Mining Ltd.）签订的锁定协议，中国铝业将以 8.48 加元/股（约合 65.97 港元/股）收购南戈壁 1.05 亿股普通股，总出资额 9.25 亿加元（约合 9.38 亿美元），占南戈壁资源公司普通股总数的 57.6%。这是中国对蒙古国最大的一个直接投资项目。

蒙古国方面担忧中国国有企业对其矿业投资，会控制其矿业的发展。为阻止中铝与南戈壁资源公司之间的并购交易，蒙古国议会在这项交易宣布仅几周后，匆忙通过一部外国投资法律，对外国投资蒙古国的矿业作出严格限制。按照蒙古国新的外国投资法规定，若外国投资者在该国战略行业所占股份超过 49%，就需经过蒙古国议会审批，而中铝的收购行动亦在此范畴之内。在此等政治背景下，分析师和矿商都认为，蒙古国议会不太可能批准中铝收购南戈壁资源公司的交易。而且，蒙古国监管部门对南戈壁资源公司施加了政治压力。蒙古国矿业部公开威胁要吊销南戈壁资源公司旗下全资附属公司 SouthGobi Sands LLC 的采矿牌照，其办公室也被蒙古国官方以反腐败调查的名义进行突击搜查。

鉴于此项并购交易被蒙古国监管层批准的可能性微乎其微，中铝宣布放弃对南戈壁资源公司的收购要约。交易终止导致南戈壁资源公司的股价出现断崖式下跌，至少损失了 50% 的市值。

— 教训 —

在当前全球大宗商品价格低迷的情形下，中铝并购南戈壁资源公司的交易终止，对于中铝未必不是一件好事。这是因为，今天的煤炭资源价格已不可能与当年资源超级周期时期的价格相提并论。中铝若并购成功，其所购资产价格必将大幅缩水。

尽管蒙古国有大量矿产资源位于中蒙边境，且中国是蒙古国矿产资源最为重要的市场，但蒙古国长期以来对中国的不信任感，限制了中国矿业公司对蒙古国资源行业的投资。此外，部分蒙古国政客和选民之所以支持资源民族主义，很大程度上是担心中国企业利用其封闭的地理位置强迫蒙古国以不公平价格出售矿产品，但实际上中国在蒙古国只是寻求安全且价格合理的矿产供给渠道，而不是谋求对蒙古国资源经济进行控制。

在一些情况下，蒙古国的资源民族主义行为会产生非理性经济后果。作为一个内陆国家，蒙古国的矿物出口只能依赖于中国和俄罗斯的港口。南戈壁资源公司的煤矿和铜矿距俄罗斯太平洋港口达4000多公里，而距中国边境不到300公里。为绕开中国，降低对中国市场的依赖，借道俄罗斯把矿产运送到海外市场，蒙古国放弃了修建直接通往中国港口的铁路这一经济实惠的路线，而是选择与俄罗斯的铁路接轨。这在经济上显然是不合理的，原因主要有：一是中国是蒙古国矿产品最重要的出口市场；二是俄罗斯是资源出口国，与蒙古国的矿产品存在竞争关系，且欧洲对于矿石资源需求量有限；三是蒙古国缺乏建设连接俄罗斯漫长铁路线的巨额资金。

案例2

缅甸密松水电站项目停工

— 背景 —

缅甸伊洛瓦底江密松水电站位于缅甸北部的克钦山区，距云南腾冲县城227公里，距克钦邦首府密支那约30公里。密松水电站是中电投集团以BOT（建设—经营—移交）方式投资兴建，由中电投云南国际电力投资有限公司、缅甸第一电力部和缅甸亚洲世界公司共同投资开发，装机容量600万千瓦，年均发电能力约308亿千瓦时。密松水电站项目投资36亿美元，是缅甸最大的水电站，建设总工期8年，计划2017年首台机组发电。

— 基本案情 —

根据协议，中国购买密松水电站90%的发电量；缅甸不仅可获得10%的免费电量，还获取15%的免费股权和税收收入；缅甸占有投资收益的 60.7%，中方获得的投资收益份额为 39.3%；电站设计寿命 100 年，在 50 年特许经营期满后，缅甸将无偿获得电站资产以及另外 50 年的全部经营收入。

密松水电站于 2009 年 12 月开工建设，项目"四通一平"（通路、通水、通电、通信和场地平整）全面施工，场内道路、水厂、油库等工程建设粗具规模，主体溢洪道及引水系统上部土石方开挖工程均处于施工状态。2011 年 9 月，缅甸总统吴登盛以人民的意愿为由，宣布在其任内搁置建设密松水电站项目。缅甸方面给出的理由是：密松水坝会破坏环境，影响某些鱼类的生存；水坝建设引发移民及其安置问题；会淹没大片森林，影响下游水情；坝址位于地质断层，地震时会有垮坝危险。

— 后果 —

密松水电站叫停，中方企业遭遇了巨额经济损失。作为主要投资方，中电投前期投入资金达 70 亿元人民币。而且，这笔投资的银行利息和大坝建设工地的设备与人员维护费每年将达 3 亿元。同时，中电投还将面临供应商、施工单位等有关合同方的巨额违约索赔。作为主动叫停方，缅甸方面也面临着一定的经济损失，如水坝移民未获得预期的安置（在水电站工作）、政府违约行为重创了外商投资者的信心（缅甸吸引的外资由 2010—2011 财年的 200 亿美元大幅降至 2012—2013 财年的 14.9 亿美元）、电力和经济发展受阻、中资企业潜在的索赔压力等。

— 教训 —

一是中电投过度依赖与政府单轨沟通，缺乏倾听来自民间组织、政府内部和克钦独立军等各方势力多种声音的有效渠道。

二是中电投低估了克钦独立军与缅甸政府的政治冲突风险。密松水电站所在的克钦邦是克钦独立军的势力范围，密松水电站是缅甸政府主导的项目，且淹没区位于克钦独立军的控制范围内，从而，缅甸政府和克钦独立军在密松水坝问题上的利益摩擦可能引发潜在的政治冲突。

　　三是中电投的环评工作需要改进，如聘请国际知名的环评机构发布评级报告，提高环评结果的公信力，避免予人以口实。

　　四是缅甸的法律机制不健全、政策随意性大，投资的政治风险高，中国企业赴缅投资应做好风险评估和应急预案工作。

第十章　中国与"一带一路"沿线国家
经贸合作的状况与风险[*]

　　"一带一路"倡议的是中国未来较长一段时间对外开放的总体战略,其重点目标是推动区域内各国之间的政策沟通、道路联通、贸易畅通、货币流通和民心相通。这为中国加快国内经济结构调整步伐,实现经济发展的新常态,推进对外经贸合作的多元化,提升总体对外开放的水平和层次,提供了重大的历史性契机。目前,中国正与"一带一路"沿线国家一道,积极规划并推进中蒙俄、新亚欧大陆桥、中国—中亚—西亚、中国—中南半岛、中巴、孟中印缅六大经济走廊建设。毋庸置疑,在中国与"一带一路"沿线国家经济合作方面,跨境直接投资是一个关键和核心的领域,合作重点将包括基础设施互联互通、能源资源合作、工业园区和优势产能合作。从而,在未来"一带一路"倡议实施的过程中,中国对"一带一路"沿线国家的直接投资规模将会显著上升。为降低中国对"一带一路"沿线相关国家的投资风险,提高中国对外投资的效率与回报,促进"一带一路"倡议的稳定、可持续的推进,本章将深入分析中国在"一带一路"沿线国家直接投资的特征,评估其投资风险,提出相应的对策建议。

---

　　[*]　本章作者:王永中,中国社会科学院世界经济与政治研究所国际投资研究室副主任、研究员。

一　"一带一路"沿线国家的范围

　　关于"一带一路"沿线相关国家的范围，政府部门和学术界尚未达成明确的一致意见。根据国家发展改革委、外交部和商务部联合发布的《推动共建丝绸之路经济带和21世纪海上丝绸之路的愿景与行动》的界定，"一带一路"沿线相关国家应"基于但不限于古代丝绸之路的范围，各国和国际、地区组织均可参与"。这意味着，中国对"一带一路"沿线所涉及的国家范围持开放态度，仅划定丝绸经济带涉及的大致区域，对具体国家不作明确界定，从而赋予了"一带一路"倡议的开放性与灵活性。

　　目前，国内学术界占主流地位的观点认为，"一带一路"共涉及65个国家和地区，包括：东亚1国，即蒙古；东盟10国，包括新加坡、马来西亚、印度尼西亚、缅甸、泰国、老挝、柬埔寨、越南、文莱和菲律宾；西亚18国，包括伊朗、伊拉克、土耳其、叙利亚、约旦、黎巴嫩、以色列、巴勒斯坦、沙特阿拉伯、也门、阿曼、阿联酋、卡塔尔、科威特、巴林、希腊、塞浦路斯和埃及的西奈半岛；南亚8国，包括印度、巴基斯坦、孟加拉国、阿富汗、斯里兰卡、马尔代夫、尼布尔和不丹；中亚5国，包括哈萨克斯坦、乌兹别克斯坦、土库曼斯坦、塔吉克斯坦和吉尔吉斯斯坦；独联体7国，包括俄罗斯、乌克兰、白俄罗斯、格鲁吉亚、阿塞拜疆、亚美尼亚和摩尔多瓦；中东欧16国，包括波兰、立陶宛、爱沙尼亚、拉脱维亚、捷克、斯洛伐克、匈牙利、斯洛文尼亚、克罗地亚、波黑、黑山、塞尔维亚、阿尔巴尼亚、罗马尼亚、保加利亚和马其顿。为方便起见，我们沿用这一主流的国家范围界定方法，分析中国对"一带一路"沿线国家直接投资的特征与风险。

二 中国与"一带一路"沿线国家的 贸易状况

（一）进出口贸易规模

"一带一路"沿线国家是中国一个重要的贸易伙伴。2014年，中国与"一带一路"沿线国家的进出口总规模达 11265 亿美元，占中国对外贸易总额的 26.2%。中国与"一带一路"沿线国家的贸易增长速度明显快于中国对外贸易的总体增长速度。在 2005 年至 2014 年期间，中国与"一带一路"沿线国家的进出口总额的年均增速达 18.2%，明显高于中国对外贸易 14.0% 的增速，从而，中国与"一带一路"沿线国家的贸易份额也相应由 2005 年的 19.4% 显著上升至 24.7%。未来，随着"一带一路"倡议的实施，中国与"一带一路"国家的贸易将会继续维持高速增长态势。

中国与"一带一路"沿线国家的出口、进口均呈高速增长的态势。2014 年，中国对"一带一路"沿线国家的出口规模为 6421 亿美元，占中国出口总规模的比重为 27.4%，而进口规模为 4844 亿美元，占中国进口总额的比例为 24.7%。2005 年至 2014 年期间，中国对"一带一路"沿线国家的出口的年均增长速度明显快于进口，出口的年均增速为 20.2%，而进口的年均增速为 16.2%，二者相差 4 个百分点，而且，二者均高出中国同期出口、进口的年均增速 2 个百分点。这表明，中国与"一带一路"沿线国家的贸易具有巨大的发展潜力。

中国与"一带一路"沿线国家之间的双边贸易存在不平衡问题。中国对"一带一路"沿线国家长期保持着贸易顺差，且贸易顺差规模近年来有不断增长的趋势，由 2011 年的 211 亿美元大幅增加至 2014 年的 1577 亿美元，在短短的 3 年时间内增长了 6.47 倍（见图 3 - 17）。

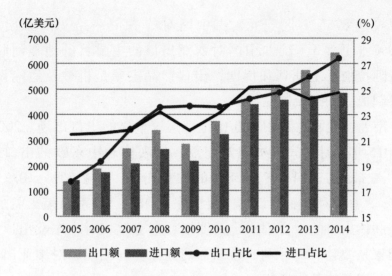

图 3 - 17　中国与"一带一路"沿线国家的贸易规模及其占中国
　　　　　对外贸易额的比例

资料来源：CEIC。

（二）出口的区域分布

在"一带一路"沿线国家，中国的产品出口市场主要分布于东盟、西亚和南亚地区。独联体、中东欧和中亚的市场份额相对较低。从时间趋势角度看，东盟、西亚和南亚的市场地位不断上升，而独联体、中东欧和中亚的市场地位趋于下降。

在"一带一线"沿线国家中，东盟是最为重要的出口市场。这源于中国与东盟长期密切的经贸合作传统和人文纽带联系。2014 年，中国对东盟的出口额达 2741 亿美元，占当年中国对"一带一路"国家出口额的 42.7%，占对外出口总额的 11.7%。2005 年至 2015 年 4 月期间，中国对东盟的出口累计达 15593 亿美元，占中国对"一带一路"沿线国家出口总额的 41.5%。中国对东盟出口的主要国家是新加坡、马来西亚、印度尼西亚和泰国，中国对四国的出口额之和占对东盟出口总额的 69.3%。

西亚是中国在"一带一路"沿线国家仅次于东盟的第二大出口市场。2005 年至 2015 年 4 月期间，中国对西亚地区的累计出口规模达 8755.1 亿美元，占中国对"一带一路"国家出口的 23.3%（见表 3 - 7）。中国对西亚出口的主要目的地是阿联酋、沙特阿拉伯、土耳其和伊朗，出口产品主要是机械及运输设备、原料制成品和杂项制品。

南亚、独联体和中东欧也是中国较重要的出口市场。2005 年至 2015 年 4 月期间，中国对南亚、独联体和中东欧的出口额占对"一带一路"国家出口额的比例分别为 14.6%，10.9% 和 9.9%。中国对南亚出口的主要国家是印度、巴基斯坦、孟加拉；对独联体出口的主要国家是俄罗斯、乌克兰；对中东欧出口的主要国家是波兰、匈牙利、希腊、捷克、罗马尼亚；对中亚出口的主要国家是哈萨克斯坦。

表 3 - 7　　　　中国对"一带一路"沿线国家出口的区域分布　　单位：亿美元

	东盟	西亚	南亚	独联体	中东欧	中亚	蒙古
2005	554.6	283.8	159.6	161.3	132.3	52.3	3.2
2006	713.2	398.8	234.0	202.6	238.2	77.4	4.3
2007	942.4	589.7	351.4	353.3	289.5	127.0	6.8
2008	1141.4	748.3	442.5	419.6	377.6	225.9	9.1
2009	1063.9	645.7	418.8	223.1	310.0	166.7	10.6
2010	1382.9	807.1	576.2	372.9	399.1	164.6	14.5
2011	1701.8	1027.3	713.2	486.7	452.4	185.9	27.3
2012	2044.8	1095.1	705.3	543.6	435.1	213.1	26.5
2013	2441.3	1235.3	752.7	602.8	447.1	232.5	24.5
2014	2718.7	1474.7	858.7	617.0	489.4	240.7	22.2
2015M4	888.1	449.2	285.6	112.0	141.3	48.9	4.1
合计	15593.2	8755.1	5498.0	4094.9	3711.9	1734.9	153.2
占比（%）	41.5	23.3	14.6	10.9	9.9	4.6	0.4

资料来源：海关总署、CEIC。

注：2015M4 表示 2015 年的前四个月。

（三）进口的区域分布

与出口市场分布基本类似，中国对"一带一路"沿线国家的商品进口主要来源于东盟、西亚，南亚、独联体和中东欧居于次要地位。其中，中国对西亚、独联体、中亚和蒙古的进口规模均大于出口。独联体、中亚等地区能源资源丰富，与中国经济有着较强的互补性，中国的进口商品主要是能源和资源。

2005 年至 2015 年 4 月期间，中国从东盟、西亚独联体的进口总规模分别为 15043 亿美元、10087 亿美元、3279 亿美元，占中国从"一带一路"沿线国家进口规模比例分别为 45.6%、30.6% 和 9.9%，中国从南亚、中亚和中东欧的进口份额相对较低，三者的份额合计约 13.1%（见表 3-8）。

中国从东盟进口商品的主要国家是马来西亚、新加坡、泰国、印度尼西亚和菲律宾；从西亚进口的国家主要是沙特、伊朗、阿曼和阿联酋等石油输出国；从独联体的进口主要来自俄罗斯，主要商品为石油和天然气；从中亚地区的进口主要是哈萨克斯坦。

表 3-8　　　中国对"一带一路"沿线国家进口的区域分布　　单位：亿美元

	东盟	西亚	独联体	南亚	中亚	中东欧	蒙古
2005	750.2	319.8	171.9	107.4	34.9	22.8	5.4
2006	895.4	418.0	184.4	116.2	43.2	32.5	11.4
2007	1083.8	493.8	209.6	159.4	69.6	49.3	13.2
2008	1170.1	823.6	256.0	215.5	82.3	60.0	15.4
2009	1063.2	584.7	239.9	152.0	68.5	62.6	13.0
2010	1544.7	905.7	286.4	229.8	135.0	96.9	25.2
2011	1925.8	1386.6	431.6	261.5	210.0	131.4	36.7

续表

	东盟	西亚	独联体	南亚	中亚	中东欧	蒙古
2012	1958.2	1500.4	479.6	226.5	239.6	138.0	39.4
2013	1994.0	1617.6	438.3	210.9	269.9	150.9	35.0
2014	2085.8	1662.6	464.2	202.5	209.1	169.4	50.7
2015M4	572.0	374.8	118.0	60.3	59.8	49.7	12.0
合计	15043.2	10087.8	3279.9	1942.0	1421.8	963.5	257.3
占比（％）	45.6	30.6	9.9	5.9	4.3	2.9	0.8

资料来源：海关总署、CEIC。

注：2015M4 表示 2015 年的前 4 个月。

三　中国对"一带一路"沿线国家直接投资的状况

（一）投资规模

在分析之前，我们需要对中国对外直接投资的统计数据作一个简要说明，以便于读者的理解。目前，中国官方的对外直接投资数据是由商务部、国家外汇管理局和国家统计局联合发布。官方统计数据的一个明显缺陷是仅显示了中国对外投资资金的最初投放地，没有提供最终目的地。鉴于中国对外直接投资资金的60％以上是通过香港、维尔京群岛、开曼群岛等离岸金融中心或避税港转投第三国，从而，中国官方统计数据在投资的区域分布方面存在明显的偏差，甚至是失真。在弥补中国官方统计数据的缺陷方面，美国传统基金会（The Heritage Foundation）和中国的一些民间机构（如清科数据库）做出了一些贡献。传统基金会的数据库统计了规模为 1 亿美元以上的中国对外大型投资项目，其缺点是忽视了大量的中小投资项目，但优点是提供了中国对外投资资金的最终去向信息。清科数据库提供了大量中国企业对外并购的信息。这些企业层面的微观数据有效弥补了中国官方统计数据的不足。

图 3 - 18 显示了中国对"一带一路"沿线国家的直接投资规模及其占中国对外直接投资总量的比重。如图 3 - 18 所示，在过去的十余年间，中国对"一带一路"沿线国家的直接投资经历了快速增长。根据商务部的数据，中国对 65 个"一带一路"沿线国家的直接投资规模由 2003 年的 2 亿美元大幅升至 2013 年的 134 亿美元，占中国对外直接总额的比例相应由 7.1% 攀升至 12.4%，年均增长率高达 61.1%，明显快于中国对外直接投资同期 49.6% 的年均增长率。从传统基金会的数据来看，2013 年，中国对"一带一路"沿线国家大型项目的投资规模高达 249.2 亿美元，占中国对外直接投资总额的 23.1%。

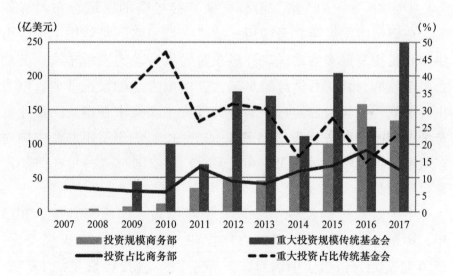

图 3 - 18 中国对"一带一路"沿线国家的直接投资规模及比例

资料来源：商务部、The Heritage Foundation。

注：大型项目指项目金额为 1 亿美元以上的项目。

从上述两组数据的对比来看，传统基金会的数据明显高于中国官方的统计数据，且其波动程度也明显大于后者。2005 年至 2013 年期间，中国对"一带一路"沿线国家投资的平均规模为

69.2 亿美元（官方数据），而中国对这些国家的大型项目投资的平均规模达 139.2 亿美元（传统基金会数据），其占中国对外投资总额的比例分别为 10.8%、28.1%。这表明，大量的中国资本通过香港、开曼群岛和维尔京群岛等国际离岸投资平台和避税港投向"一带一路"沿线国家。从总体上看，"一带一路"沿线国家目前尚不是中国主要的境外直接投资目的地，中国主要的境外投资目的地是一些西方发达国家和资源丰富的国家。不过，中国对"一带一路"沿线国家的投资具有广阔的发展空间，估计近期将有较快的增长。

（二）投资的区域分布

中国对"一带一路"沿线国家直接投资的区域分布差异较大。东盟与中国经贸关系密切，是"一带一路"沿线国家中吸引中国直接投资最多的地区。许多东盟国家劳动力资源丰富，劳动力成本较低，且矿石资源储量较大，但电力基础设施薄弱，电力供应短缺现象较为普遍，中国对其投资主要集中在电力、矿业资源开发和制造业等行业。如表 3 - 9 所示，2013 年年底，中国对东盟的直接投资存量为 306.4 亿美元，占中国对"一带一路"国家投资存量的 52.3%。

中国对东盟的投资主要分布于新加坡、印度尼西亚。2013年，中国对新加坡、印尼的直接投资流量分别为 20.3 亿美元、15.6 亿美元，占当年中国对"一带一路"直接投资量的 15.1%和 11.6%。

西亚、中亚是中国直接投资规模较大的两个地区。2013 年底，中国对西亚、中亚的直接投资存量分别为 78.3 亿美元、71亿美元，占中国对"一带一路"沿线国家的投资额的比例分别为13.4%、12.1%。西亚地区资源丰富，是中国资源能源的主要供给地之一。中国对西亚的投资主要集中于能源、基础设施和制造业等行业，主要分布于伊朗、沙特、也门、阿联酋和土耳其等国。中亚地区油气资源丰富，而轻工业相对落后，中国对中亚投资集中在石油勘探与开采、交通及通信建设、化工、农副产品加工等领域①。中国对中亚投资的波动较大，基本配置于哈萨克斯坦。

蒙古国是中国的邻国，矿石资源丰富，是中国一个重要的海外投资目的地。2013 年，中国对蒙古国的投资存量为 28.3 亿美元，占中国对"一带一路"投资额的 4.8%。中国对独联体和南亚的投资规模较低。2013 年，中国对独联体的投资存量为 54.8 亿美元，占"一带一路"投资存量的 9.4%，主要分布在俄罗斯，重点配置于森林、能源开采和加工制造业。受国际地缘政治因素的影响，中国在南亚地区直接投资的较为滞后。2013 年，中国在南亚的投资存量仅为 37.2 亿美元，占"一带一路"投资规模的 6.4%。中国对南亚的投资主要分布于印度和巴基斯坦，投资集中在机械设备制造、纺织、能源开采、基础设施等行业。中国对中东欧的投资规模最低，2013 年的投资存量仅为 9.5 亿美元，占中国对"一带一路"投资额的 1.6%。

表 3-9　　　　中国对"一带一路"沿线国家直接投资
流量的区位分布　　　　单位：亿美元

	东盟	西亚	独联体	中亚	南亚	东亚（蒙古）	中东欧	总量
2003	1.2	0.2	0.3	0.1	0.1	0.0	0.1	2.0
2004	2.0	0.4	0.8	0.1	0.0	0.4	0.0	3.8
2005	1.6	1.2	2.1	1.1	0.2	0.5	0.1	6.7
2006	3.4	2.6	4.7	0.8	-0.5	0.8	0.2	11.9
2007	9.7	2.5	4.9	3.8	9.4	2.0	0.3	32.5
2008	24.8	2.1	4.1	6.6	4.9	2.4	0.4	45.3

① 郑蕾、刘志高：《中国对"一带一路"沿线直接投资空间格局》，《地理科学进展》2015 年第 5 期。

	东盟	西亚	独联体	中亚	南亚	东亚（蒙古）	中东欧	总量
2009	27.0	7.3	3.6	3.5	0.8	2.8	0.4	45.3
2010	44.0	11.0	6.3	5.8	4.2	1.9	4.2	77.4
2011	59.1	14.3	7.4	4.5	9.1	4.5	1.3	100.2
2012	61.0	14.5	9.0	33.8	4.4	9.0	1.5	133.3
2013	72.7	22.3	11.6	11.0	4.6	3.9	1.0	127.1
合计	306.4	78.3	54.8	71.0	37.2	28.3	9.5	585.5

资料来源：CEIC。

（三）投资的行业结构

2005 年以来，中国对"一带一路"沿线国家大型项目投资的行业结构呈现多元化态势，先由能源行业起步，逐步拓展至金属矿石、不动产、交通、高科技、农业、金融和化学等行业。如表 3-10 所示，2005 年，中国在"一带一路"的大型项目投资仅涉及能源行业，以石油为主，天然气和煤炭为辅。2006—2008 年，中国大型项目投资涵盖的行业延伸至金属矿石、不动产和交通等行业。金属矿石业先是以铝、铜为主，后以钢铁为主。交通业包括飞机、造船、汽车和火车，以造船业为主，近年来汽车业比重逐渐上升。不动产以财产和建筑为主。2009—2013 年期间，中国企业投资所涉及的行业进一步拓展至高科技、农业、金融和化学等行业。这反映了中国企业对"一带一路"沿线国家的投资能力经历了一个稳步提升的过程。

从行业结构看，能源占绝对主导地位，金属矿石居次席，不动产、交通分列第三、第四位，农业、高科技和化学等行业的投资规模相对较小。2013 年，中国对"一带一路"沿线国家的能源、金属矿石、不动产、交通等行业的大型项目投资存量分别为 679.7 亿美元、233 亿美元、116.5 亿美元、114.2 亿美元，占中国对"一带一路"投资总额的比例依次为 54.3%、18.6%、

9.3%、9.1%，而中国对农业、高科技、化学、金融等行业的投资存量分别为 37.5 亿美元、30.8 亿美元、20.3 亿美元、8.3 亿美元，其所占比例依次为 3.0%、2.5%、1.6%、0.7%。这表明，中国对"一带一路"沿线国家投资的首要动机是获取战略性资源，如石油天然气、矿石和土地；次要动机是利用丰富的人力资源和开拓当地市场，如对金属、交通业、化学等制造业的投资，以及高科技行业投资。

表 3 – 10　　　　　中国对"一带一路"沿线国家大型投资

项目的行业结构　　　　　单位：亿美元

	能源	金属矿石	不动产	交通	高科技	农业	金融	化学	其他
2005	44.9	0	0	0	0	0	0	0	0
2006	60	9.4	13	9.7	0	0	0	0	1.2
2007	20.1	45.7	0	1.5	2.8	0	0	0	0
2008	94.1	31.8	0	48.9	0	2	0	0	0
2009	145.4	6.7	2.8	4.7	5	0	5.3	0	2
2010	53.1	24.6	16	0	3	14.1	0	0	0
2011	90.2	57.3	19.9	18.1	0	1	1	19.2	1.2
2012	37.8	32.2	29.3	9.2	16.5	0	0	0	2.4
2013	134.1	25.3	35.5	22.1	3.5	20.4	2	1.1	5.2
合计	679.7	233	116.5	114.2	30.8	37.5	8.3	20.3	12

资料来源：The Heritage Foundation 和作者的计算。

（四）国内投资企业的类型和地区

从投资规模来看，中央级国有企业是中国对"一带一路"沿线国家开展投资的主力军，地方企业只能发挥补充性作用。如表 3 – 11 所示，截至 2014 年上半年，中央级企业对"一带一路"沿线国家大型项目投资的存量为 864.5 亿美元，占中国对"一带一路"大型项目投资总量的 67.4%。其中，隶属国资委的央企的投资量为 782.2 亿美元，占中央级企业投资量的 90.5%，中投公司的投资量为 59.1 亿美元，占比为 4.6%，而以四大国有银行为代表的金融央企的投资存量较低，仅为 23.2 亿美元，占 1.8%。

地方企业对"一带一路"国家大型项目的投资存量为 419 亿美元，占中国对"一带一路"大型项目投资存量的 32.6%。中国地方企业对"一带一路"沿线国家的投资主要来源于经济较为发达的东部地区。上海企业对"一带一路"的投资存量最大，达 99 亿美元，占地方企业投资量的 23.6%；北京企业的投资量居次位，为 58.1 亿美元，占 13.9%；浙江、广东、吉林和山东的企业的投资规模较为接近，分别为 42.1 亿美元、39.6 亿美元、39.2 亿美元、37.5 亿美元，其占地方企业对"一带一路"投资存量的比例依次为 10.0%、9.5%、9.4%、8.9%。其他地方企业对"一带一路"的投资量显著低于东部地区。

表 3 – 11　　　　中国对"一带一路"沿线国家开展大型投资的国内企业的类型结构与地区分布　　　　单位：亿美元

	2005	2006	2007	2008	2009	2010	2011	2012	2013	2014H1	合计
中央企业	44.9	39.9	41.4	157.5	133	84	66.1	43.6	145.8	26	782.2
金融央企		9.7			5.3			2.4	1	4.8	23.2
中投公司					14.9		4.6	4.2	35.4		59.1
地方企业		53.7	27.8	19.3	18.7	27.1	122	63.6	64	22.8	419
北京		39.5		1.5			8.2	7.8	1.1		58.1
上海		14.2	27.8	10.2	3.5		1.2	19	6.2	16.9	99
天津					2.8				5		7.8
河北					1.2		7.9			3.4	12.5
广东						3	2	19.8	14.8		39.6
浙江						5.1	28		6.5	2.5	42.1
山东					2		19.2	1.2	15.1		37.5
山西				7.6							7.6

续表

	2005	2006	2007	2008	2009	2010	2011	2012	2013	2014H1	合计
甘肃					1.9						1.9
辽宁					4.8						4.8
吉林							39.2				39.2
新疆					2.5	1	4	1			8.5
内蒙古						1.8					1.8
陕西						1.2					1.2
云南						15					15
江苏								6			6
安徽								5.2			5.2
福建							2	1			3
广西							5	1	15.3		21.3
湖北								1.6			1.6
海南							5.3				5.3

资料来源：The Heritage Foundation 和作者的计算。

注：2014H1 指 2014 年上半年。

四 中国在"一带一路"沿线国家承接的大型工程项目的状况

（一）大型工程承包项目的承接规模

基础设施建设等工程承包项目是中国具有竞争优势的领域。中国工程承包企业具有丰富的基础设施建设经验，拥有工资成本较低但业务能力较强的工程施工队伍，且能获得较为充足的外部信贷资金支持，在交通、电力和水利等领域具有较强的国际竞争力。"一带一路"沿线国家的基础设施建设普遍较弱，基础设施供给能力严重不足，这为中国与"一带一路"国家优先开展基础设施互联互通方面的合作提供了良好契机。

2013 年，中国在"一带一路"沿线国家承接的大型工程承

包项目的金额为 321.8 亿美元，比 2005 年的 85.8 亿美元的水平
增长了 5.76 倍，占中国当年对外承接的大型工程承包项目金额
的 55.5%。在 2005 年至 2014 年上半年期间，中国在"一带一
路"沿线国家承接的大型工程项目规模占中国对外大型工程总承
包量的平均比例高达 58.2%，显著高于直接投资的比重。这表
明，中国一半以上的大型工程项目市场位于"一带一路"沿线国
家。未来一段时间，随着基础设施互联互通将成为中国与"一带
一路"国家的重点合作领域，中国对"一带一路"国家的基础设
施投资将很可能出现爆发性增长。

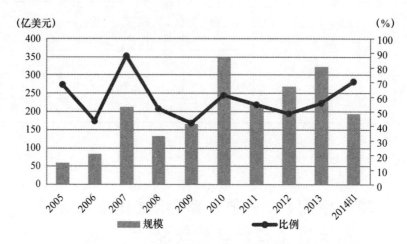

图 3 - 19　中国在"一带一路"沿线国家承接的大型工程项目的规模及比例

资料来源：The Heritage Foundation。

注：大型项目指项目金额为 1 亿美元以上的项目。

（二）大型工程承包项目的区域分布

中国在"一带一路"沿线国家承接的大型工程承包项目主要
分布于东盟、西亚和南亚三个地区，中亚、独联体和中东欧的规
模相对较低。如表 3 - 12 所示，2005 年至 2014 年上半年期间，
中国在东盟、西亚和南亚承接的大型承包工程项目的总规模分别
为 631.6 亿美元、599.7 亿美元、368.9 亿美元，分别占中国在
"一带一路"承担的大型工程项目总额的 34.3%、32.5%、

20.0%，而中国在中亚、独联体和中东欧地区承担的大型工程项目的规模分别为 134.7 亿美元、108.3 亿美元、88.9 亿美元，其占比依次为 7.3%、5.9%、4.8%。

　　从总体上看，中国在"一带一路"国家承担的大型工程项目呈现出稳步扩散的态势。在 2005 年至 2006 年期间，中国承揽的工程项目集中分布在东盟、西亚，这两个地区的联合比重平均比重高达 89.7%。2007 年至 2010 年期间，中国工程承包商的影响力迅速扩展至南亚和中亚地区，东盟和西亚地区的年均业务比重下降至 72.6%，而南亚和中亚地区的工程业务量的年均比重由前期的 10.3% 攀升至 23.8%。2011 年以来，中国的工程承包市场进一步拓展至独联体和中东欧，东盟和西亚的承包业务平均份额持续降至 57.1%，南亚和西亚的平均份额稳定升至 32.7%，而独联体和中东欧的业务平均份额由前期的 5.0% 大幅上升至 18.1%。

表 3 - 12　　　　　中国在"一带一路"沿线国家承接的大型
工程项目的区域分布　　　　　单位：亿美元

	东盟	西亚	南亚	中亚	独联体	中东欧
2005	11.9	43.6	0	3		
2006	32	38.6	9.5	3.4		
2007	70.3	75.9	35.2	21.6	8.3	
2008	55.7	45.4	10.9	2	11.6	
2009	38.6	73.7	22.1	31.3	0	1
2010	153.9	75.9	56.6	24.3	4.6	15.1
2011	94.3	55.5	22.5	11.6	33.8	
2012	81.6	81.2	51.3	12.6	16.3	22.9
2013	60.7	81	98.1			38.7
2014H1	32.6	28.9	62.7	24.9	33.7	11.2
合计	631.6	599.7	368.9	134.7	108.3	88.9

资料来源：The Heritage Foundation 和作者的计算。

（三）大型工程承包项目的行业结构

中国在"一带一路"沿线国家承担的大型工程承包项目主要集中于能源、交通和不动产等行业。2005 年至 2014 年上半年期间，中国在能源、交通和不动产等行业承建的大型工程承包项目的存量分别为 1083.1 亿美元、395.3 亿美元、212.7 亿美元，占承担的"一带一路"大型工程项目总额的比例依次为 57.1%、20.8%、11.2%。中国还承担了金属矿石、农业和化学等行业的一些大型工程项目，其金额分别为 108.6 亿美元、57.4 亿美元、29.6 亿美元，远远低于能源、交通和不动产等行业。总体上看，中国在"一带一路"沿线国家承担的能源行业工程承包项目的绝对规模呈上升趋势，但其所占比重稳步下降，交通行业的工程承包规模及其所占比重逐步上升，而不动产行业的工程承包规模波动性大，尚未表现出稳定的趋势。

表 3 – 13　　　　中国在"一带一路"沿线国家承接的大型
工程项目的行业结构　　　　单位：亿美元

	能源	交通	不动产	金属	农业	化学	技术	其他
2005	9.9	24.1	7.5	12	1.5	3.5		
2006	68	4.9	10.6					
2007	128.5	11	18.9	41	6.9	3.5	1.5	
2008	79.6	18.5	21.5	3		4		
2009	135.8	14	6.8	4.4	2.7		2	
2010	199.8	65.5	18.7	9	16.3	17	2.2	2.9
2011	106.8	48.3	28.6	17.3	7.2			7.7
2012	125.8	36.6	67.3	8.9	12.6			16.1
2013	157.5	79.7	18.4	8.1	5.2		1.3	8.3
2014H1	71.4	92.7	14.4	4.9	5	5.6		
合计	1083.1	395.3	212.7	108.6	57.4	29.6	11	35

资料来源：The Heritage Foundation。

（四）承接大型工程项目的国内企业类型

在工程承包领域，中央企业相比较于地方企业拥有巨大的市场竞争优势，如工程施工技术、资金实力、专业人才储备、国际市场经验和国际知名度等。如表 3 – 14 所示，中央企业在"一带一路"国家的工程承包业务中占据绝对的主导地位。2005 年至 2014 年上半年期间，隶属国资委的中央企业在"一带一路"沿线国家承担的大型工程项目的总规模达 1779.6 亿美元，占中国在"一带一路"承接的大型工程项目总额的 92.1%。在此期间，中央金融企业承担的大型工程项目规模为 18.4 亿美元，占比为 1.0%，而地方企业承担的大型工程项目规模仅为 134.9 亿美元，占比 7.0%。

在中央企业内部，母公司承接了绝大部分的大型工程承包业务，子公司承担的工程业务量相对较少。在 2005 年至 2014 年上半年期间，中央企业以母公司名义在"一带一路"承接的大型工程项目的总规模达 1541.2 亿美元，以子公司名义出面承担工程项目的总金额为 238.4 亿美元，其占央企在"一带一路"工程承包量的比例分别为 86.6%、13.4%。值得注意的是，中央企业在"一带一路"沿线国家以子公司名义承揽大型工程的规模近年来大幅下降，由 2010 年的 63.7 亿美元大幅降至 2013 年的 1 亿美元，其占比也相应由 22.4% 大跌至 0.4%。而且，在 2014 年上半年，中央企业在"一带一路"沿线不再以子公司名义承接大型工程项目。预计中央企业在未来的"一带一路"基础设施互联互通建设过程中将继续发挥主力军的作用。

表 3 - 14　　　　　中国在"一带一路"沿线国家承接大型工程
项目的国内企业类型　　　　　单位：亿美元

	中央企业			中央金融企业	地方企业
	合计	母公司	子公司		
2005	41.1	37.3	3.8	9	8.4
2006	80.1	71.9	8.2		3.4
2007	200.1	145.7	54.4	6.2	5
2008	111.5	95.9	15.6		15.1
2009	161.7	138.6	23.1		4
2010	284.1	220.4	63.7		47.3
2011	204	162.3	41.7	1	10.9
2012	253.6	226.7	26.9		13.7
2013	265.3	264.3	1	2.2	11.2
2014H1	178.1	178.1			15.9
合计	1779.6	1541.2	238.4	18.4	134.9

资料来源：The Heritage Foundation。

五　中国在"一带一路"沿线国家投资失败的大型项目的状况

（一）投资失败的大型项目的数量和金额

"一带一路"沿线国家经济发展水平差异巨大，市场经济体制不成熟，跨境投资合作机制不健全，投资风险较高，地缘政治复杂，制约着中国与"一带一路"沿线国家的经贸合作。表 3 - 15 显示了中国在"一带一路"沿线国家投资失败的大型项目的数量与金额。投资失败包括两种类型：一是在投资准入壁垒等因素的作用下，项目投资活动被迫取消，如并购失败、绿地投资取消等；二是项目的收购或投资过程已完成，但项目经营因政治动荡、社会不稳定或市场环境变化而失败。

2005 年至 2014 年上半年期间，中国在"一带一路"沿线国家投资失败的大型项目数量为 32 个，占中国投资失败的大型项目总数的 24.6% ；在"一带一路"投资失败的项目金额达 560.2 亿美元，占中国投资失败的大型项目金额的 23.7% 。在此期间，中国在"一带一路"沿线国家投资失败的大型项目的数量（金额）占中国投资失败的大型项目的数量（金额）的比重，均经历了先大幅下降后稳步上升的态势。中国在"一带一路"失败项目数比例先由 2006 年的 62.5% 大幅降至 2008 年的 6.7% ，后升至 2013 年 28.6% ，而失败项目金额的比例则先由 2006 年的 61.4% 剧降至 2008 年的 0.8% ，后又升至 2013 年的 32.6% 。

表 3 – 15　　　　　中国对外投资失败的大型项目的数量与金额

	项目数（个）		项目金额（亿美元）	
	"一带一路"国家	全部	"一带一路"国家	全部
2005	1	2	13.9	193.9
2006	5	8	204.8	333.7
2007	5	11	73.6	146.1
2008	1	15	3	366
2009	2	16	18.3	354.9
2010	3	18	13.3	176.9
2011	2	22	40.5	340.3
2012	6	16	86.4	163.4
2013	4	14	69.5	213.3
2014H1	3	8	36.9	71.2
合计	32	130	560.2	2359.7

资料来源：The Heritage Foundation 和作者的计算。

（二）投资失败的大型项目的区域分布

中国在"一带一路"沿线国家投资失败的大型项目主要分布于西亚和东盟地区，其他地区投资失败项目的规模较小。2005 年至 2014 年上半年期间，中国在西亚、东盟投资失败的大型项目的总规模分别为 295.9 亿美元、160 亿美元，占中国在"一带一路"投资失败项目总额的比例依次为 52.7%、28.5%。

中国企业在东盟投资失败的项目数量最多，但投资失败的项目金额相对较小。中国企业经历投资失败的东盟国家包括菲律宾、缅甸、越南、新加坡、柬埔寨、泰国、印度尼西亚等国，其中在菲律宾投资失败的次数最多，金额最大。近年来，受美国亚太再平衡战略、东盟国家内部政局变动和南中国海争端等因素的影响，中国企业在东盟地区的投资频频失利。缅甸国内政治局势的变化导致中缅密松大坝工程和中缅合资的莱比塘铜矿项目被叫停，中缅皎漂——昆明铁路工程计划被取消；柬埔寨首相下令暂停建造中柬合作大坝；泰国政局动荡导致中泰"高铁换大米"计划流产；菲律宾拒绝中方技术人员参与菲国内的电力输送工程，为中国国家电网公司（持有菲律宾国家电网公司 40% 的股权）在菲律宾的正常业务运营设置了障碍。

中国在西亚地区投资失败的大型项目分布在伊朗、叙利亚和沙特阿拉伯。其中，伊朗是中国在西亚地区投资失败的项目金额最多的国家。中海油曾在 2006 年收购伊朗一个价值 160 亿美元的油气项目失败。中国在南亚投资失败的国家分布于阿富汗、印度和巴基斯坦。近期，斯里兰卡新政府上台导致中国交建承建的、总投资为 15 亿美元的科伦坡港口城项目面临不确定的政治风险，引发了国内的强烈关注。中国在中亚地区投资失败的项目主要位于哈萨克斯坦和乌兹别克斯坦，在独联体地区的投资失败项目主要分布于俄罗斯，中东欧地区的失利项目主要位于波兰和保加利亚。当然，这并不意味着这些国家的投资风险会较高，因为中国对其投资规模也相对较高。

表 3 - 16　　　　中国在"一带一路"沿线国家投资失败的
　　　　　　　　大型项目的区域分布　　　　单位：亿美元

	东盟	西亚	南亚	中亚	独联体	中东欧	东亚（蒙古）
2005				13.9			
2006	19.8	160			25		
2007	72.5			1.1			
2008	3						
2009			18.3				
2010	8.6	6.2					
2011	36					4.5	
2012	5.1	67				1.9	12.4
2013	3.1	37.7	28.7				
2014H1	11.9	25					
合计	160	295.9	47	15	25	6.4	12.4

资料来源：The Heritage Foundation。

（三）投资失败的大型项目的行业结构

中国在"一带一路"沿线国家投资失败的行业主要是能源和金属矿石。如表 3 - 17 所示，2005 年至 2014 年上半年，中国在"一带一路"国家能源、金属矿石行业投资失败的规模分别高达406.4 亿美元、82.2 亿美元，占中国在"一带一路"投资失败总额的比重依次为 72.4%、14.6%，两个行业合计占 87.0%；农业、交通行业的投资失败规模分别为 41.3 亿美元、28.8 亿美元，约占投资失败额的 7.4%、5.1%；不动产、高科技行业的投资失败金额很小，基本可忽略不计。从年度数据看，能源行业的投资失败事件的出现最为频繁，基本上每年都有；金属矿石和交通行业的投资失败的频率也较高；农业和高科技行业的投资失败的出现频率低，具有偶发性。

对于中国企业而言，能源、资源行业属于敏感和高风险的行业。在过去的一些年份，中国企业在海外大举收购能源、资源行业，可能引起了"一带一路"国家的担忧和警惕。事实上，中国并未能从前段时间的对外能源资源并购潮中获得应有的利益。基本原因有两点：一是中国一些企业跟风大举对外并购大幅抬高了能源、资源资产的收购的门槛和价格；二是近来大宗商品价格大幅下跌导致中国企业的海外能源、资源权益资产的价值经历了明显下跌。为促进中国在"一带一路"投资的可持续发展，深化中国与"一带一路"国家之间的互信，中国企业应适当克制对资源、能源等大宗商品领域的投资，加大产能和基础设施领域的合作力度，消除"一带一路"国家的疑虑。

表3-17　　　　　中国在"一带一路"沿线国家投资失败的
大型项目的行业结构　　　　　单位：亿美元

	能源	金属矿石	农业	交通	高科技
2005	13.9				
2006	186.9	17.9			
2007	22.3		41.3	10	
2008					3
2009	3.3	15			
2010		8.6		6.2	
2011	36			4.5	
2012	81.3			5.1	
2013	37.7	31.8			
2014H1	25	8.9		3	
合计	406.4	82.2	41.3	28.8	3

资料来源：The Heritage Foundation。

六　中国在"一带一路"沿线国家的
投资风险评估

（一）"一带一路"沿线国家的总体风险

为比较"一带一路"沿线国家与其他经济体的投资风险，我们选择用下述两个相对指标来衡量"一带一路"国家的投资风险：一是中国在"一带一路"国家投资失败的大型项目数量份额与"一带一路"的投资价值份额之间的比率；二是"一带一路"投资失败的大型项目的价值份额与"一带一路"投资份额之间的比率。若上述两个指标值大于1，表明"一带一路"沿线国家的投资风险高于其他国家；若指标值等于1，说明"一带一路"国家的投资风险与其他国家一样高；若指标值小于1，则"一带一路"国家的投资风险低于其他国家。

如图3-20显示，中国在"一带一路"沿线国家投资失败项目的数量份额、价值份额的比例均显著超过其在"一带一路"的投资份额。2005年至2013年期间，中国在"一带一路"投资受阻项目的数量份额、价值份额与其在"一带一路"的投资份额之间的比率的均值分别为3.72、2.77。这表明，对于中国企业而言，"一带一路"国家的投资风险明显高于平均水平。中国在"一带一路"沿线国家的投资风险呈现出先大幅下降后缓步回升的态势。中国在"一带一路"的投资受阻项目的数量份额、价值份额与投资份额的比率先由2006年的11.1、10.9的峰值水平大幅降至2008年的0.82、0.10，后又总体上缓慢回升至2013年的2.42、2.76。

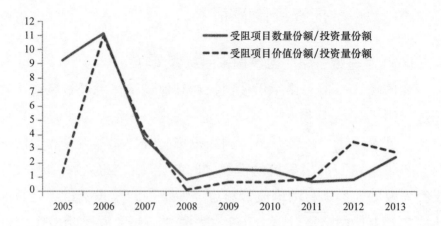

图 3 - 20　中国在"一带一路"沿线国家的相对投资风险（受阻程度）

资料来源：作者的计算。

（二）"一带一路"沿线的区域投资风险

为比较"一带一路"沿线各地区的投资风险水平，我们计算了中国在"一带一路"各地区的投资受阻项目的总价值与对其投资总额的比率。如图 3 - 21 所示，2005 年至 2014 年上半年，中国在西亚地区的投资受阻项目价值总额与投资总额的比率最高，达 3.78，南亚地区次高，为 1.26，中东欧、东盟和蒙古等地区的比率相对较低，介于 0.44—0.67 之间，而中亚地区的比率最低，仅为 0.21。这说明，对于中国企业而言，西亚地区的投资风险最高，南亚地区的投资风险较高，中亚地区的投资风险较低，而中东欧、独联体和东盟等地区的投资风险处于中等水平。

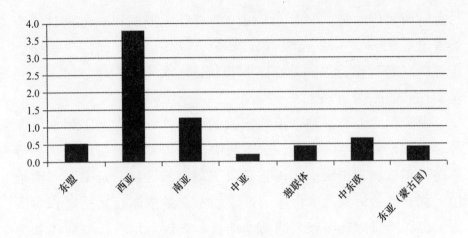

图 3 - 21　中国在"一带一路"沿线各地区的相对投资风险

资料来源：作者的计算。

注：相对投资风险的衡量指标为投资受阻项目的价值规模与投资规模的比率；本图的相对投资风险指标值为 2005 年至 2014 年上半年期间各地区的投资受阻项目的价值总额与投资总额的比率。

七　结论与政策建议

"一带一路"沿线国家是中国一个重要的贸易伙伴。2014年，中国与"一带一路"沿线国家的进出口总规模达 11265 亿美元，占中国对外贸易总额的 26.2%。中国与"一带一路"沿线国家的贸易增长速度明显快于中国对外贸易的总体增长速度。"一带一路"沿线国家是中国对外直接投资的一个重要但不是主要的目的地，中国的对外直接投资仍然主要配置于欧美发达国家和自然资源丰裕的国家。综合中国官方统计数据和美国传统基金会的数据，2013 年年底，中国对"一带一路"沿线国家的直接投资存量占中国对外直接投资存量的份额介于 10.8% 和 28.1% 之间。这意味着，即使未来"一带一路"倡议得以顺利实施，中国对外投资倚重发达国家和资源丰裕国的局面短期内难以改变。从而，"一带一路"倡议实施效果的显现是一个长期渐进的过程，在短期内不能对之有不切实际的期待。与跨境直接投资的低份额形成鲜明对比的是，中国一半以上的对外大型工程承包项目的市场需求来源于"一带一路"沿线国家。这佐证了中国将"基础设施互联互通"作为"一带一路"倡议的五大重点合作领域之一的现实性和前瞻性。

中国在"一带一路"沿线国家的直接投资和大型工程承包业务存在着较大的地区差异。东盟与中国经贸关系密切，是"一带一路"沿线国家中吸引中国直接投资最多的地区，是中国大型承包工程业务的最大需求市场。西亚、中亚是中国直接投资和承接大型工程项目的规模较大的两个地区。中国对南亚、独联体和中东欧的投资较为滞后，规模较小。从中国对"一带一路"投资的行业结构看，能源占绝对主导地位，金属矿石居次席，不动产、交通分列第三、第四位，农业、高科技和化学等行业的投资规模相对较小。中国在"一带一路"沿线国家承担的大型工程承包项目主要集中于能源、交通和不动产等行业。从对外投资的微观企业类型来看，中央级国有企业是中国对"一带一路"沿线国家开展投资的主力军，地方企业只能发挥补充性作用。

中国在"一带一路"沿线国家投资失败的大型项目主要分布于西亚和东盟地区，其他地区投资失败项目的规模较小。中国在"一带一路"沿线国家投资失败的行业主要是能源和金属矿石。"一带一路"国家的投资风险明显高于平均水平。中国在"一带一路"沿线国家投资失败项目的数量份额、价值份额的比例均显著超过其在"一带一路"的投资份额。对于中国企业而言，"一带一路"沿线地区的投资风险也存在着差异性。西亚地区的投资风险最高，南亚地区的投资风险较高，中亚地区的投资风险较低，而中东欧、独联体和东盟等地区的投资风险处于中等水平。

为降低中国对"一带一路"国家的投资风险，提高对外投资的回报和效率，提升对外投资的可持续发展水平，促进"一带一路"倡议的顺利实施，现提出如下政策建议：首先，中国的政府、学术界、媒体和企业界应向"一带一路"沿线国家的社会各界人士宣传与解释"一带一路"倡议的目标和合作领域，化解其误解和疑虑，增进共识和互信。其次，加大对"一带一路"沿线国家相关语种人才的培养力度，鼓励行业协会商会在"一带一路"沿线国家设立分支机构，加强对"一带一路"沿线国家的国别调研和情报信息搜集的力度，深化国内社会各界对"一带一路"国家的国情认识。第三，中国政府应积极与"一带一路"沿线国家修改和签订双边投资协定，支持中国企业在海外依法维权，要求所在国的政府和法律公正、透明地保护中国企业的合法权益。第四，规范企业海外经营行为，提高企业的合规守法意识，完善政府对外投资促进体系，降低中国企业面临的政治风险。第五，中国企业应完善投资策略，不要盲目追求大规模的投资项目，适当克制对能源资源等敏感行业的投资，减少投资项目的受关注度和政治风险。第六，充分发挥香港在内地企业"走出去"过程中的中介服务功能和平台作用，缓解中国企业的海外投资风险。最后，构建中国对外投资国家风险评级、预警和管理体系，为国内企业降低海外投资风险、提高海外投资成功率提供参考①。

---

① 王永中、王碧珺：《中国海外投资高政治风险的成因与对策》，《全球化》2015 年第 5 期。

参考文献

1. 王永中、王碧珺：《中国海外投资高政治风险的成因与对策》，《全球化》2015 年第 5 期。

2. 郑蕾、刘志高：《中国对"一带一路"沿线直接投资空间格局》，《地理科学进展》2015 年第 5 期。

3. 中华人民共和国商务部、中华人民共和国国家统计局和国家外汇管理局：《2013 年度中国对外直接投资统计公报》，中国统计出版社 2014 年版。

4. 安宇宏：《"一带一路"倡议》，《宏观经济管理》2015 年第 1 期。

5. 申现杰、肖金成：《国际区域经济合作新形势与我国"一带一路"合作战略》，《宏观经济研究》2014 年第 11 期。

6. 韩玉军、王丽：《"一带一路"推动人民币国际化进程》，《国际贸易》2015 年第 6 期。

7. 王永中、李曦晨：《中国对一带一路沿线国家投资风险评估》，《开放导报》2015 年第 4 期。

8. 丘兆逸、付丽琴：《国内私人资本与一带一路跨境基础设施建设》，《开放导报》2015 年第 3 期。

9. 发改委、外交部、商务部：《推动共建丝绸之路经济带和 21 世纪海上丝绸之路的愿景与行动》，2015 年 3 月 28 日。

10. 王丽颖：《亚投行路线图猜想》，《国际金融报》2014 年 11 月 24 日。

11. Ali, Ifzal and Pernia, Ernesto M. "Infrastructure and Poverty Reduction—What is the Connection", Economics and Research Department Policy Brief Series, No. 13, Asian Development Bank, 2003.

12. Andres, Luis; Biller, Dan and Dappe, Matias Herrera. "Reducing poverty by closing South Asia's infrastructure gap". Washington, DC; World Bank Group, 2013.

13. Bloomberg. "One Belt, One Road: Accessing the Economic Impact of China's New Silk Road", July 2, 2015.

14. Canning, David and Pedroni, Peter. "The Effect of Infrastructure on Long Run Economic Growth", http://web. williams. edu/Economics/wp/pedroniinfrastructure. pdf, 2004.

15. Esfahani, Hadi Salehi and Ramirez, Maria Teresa. "Institutions, Infrastructure, and Economic Growth", *Journal of Development Economics*, Vol. 70, 2003, pp. 443 – 477.

16. German – Soto, Vicente and Bustillos, Hector A. Barajas. "The Nexus between Infrastructure Investment and Economic Growth in the Mexican Urban Areas", *Modern Economy*, No. 5, 2014, pp. 1208-1220.

17. Krugman, Paul. "Four Observations on Secular Stagnation", *Secular Stagnation: Facts, Causes and Cures*, Edited by Coen Teulings and Richard Baldwin, CEPR Press and a VoxEU. org Book, 2014.

18. Summers, Laurence. "Why Stagnation May Prove To Be The New Normal," *The Financial Times*, December 15, 2013.

19. Summers, Laurence. "Idle Workers + Low Interest Rates = Time to Rebuild Infrastructure," *Boston Globe*, April 11, 2014.

20. Teulings, Coen and Baldwin, Richard. "Introduction", *Secular Stagnation: Facts, Causes and Cures*, Edited by Coen Teulings

and Richard Baldwin, CEPR Press and a VoxEU. org Book, 2014.

21. US Treasury and the Council of Economic Advisors. "An Economic Analysis of Infrastructure Investment", October 11, 2010.

22. Yue, Eddie. "Investment in Infrastructure is Crucial to Asia's Growth", Hong Kong Monetary Authority, Statement on the 46th Asian Development Bank Annual Meeting, Delhi, 4 May 2013.

张明，经济学博士，研究员，中国社科院世界经济与政治研究所国际投资研究室主任，国际金融研究中心副主任。研究领域为国际金融与中国宏观经济。入选中组部首批青年拔尖人才支持计划（万人计划）（2012 年）。出版《全球金融危机与中国国际金融新战略》《中国的高储蓄：特征事实与部门分析》等学术著作，在 The World Economy、Review of International Political Economy、China & World Economy、《世界经济》等期刊发表学术论文数十篇。

王永中，中国社会科学院世界经济与政治研究所世界能源研究室主任、研究员，经济学博士。主要研究领域：宏观经济、货币经济、国际投资。著有《中国外汇冲销的实践与绩效》《中国主权财富投资：理论问题与对策》，在《世界经济》《金融评论》等期刊发表论文数十篇。